名师名校名校长

凝聚名师共识
回应名师关怀
打造名师品牌
培育名师群体

　　　　　程晓遥题

初中数学综合实践教学改革研究

CHUZHONG SHUXUE
ZONGHE SHIJIAN JIAOXUE
GAIGE YANJIU

汪丽丽◎主编

东北师范大学出版社

长 春

图书在版编目（CIP）数据

初中数学综合实践教学改革研究 / 汪丽丽主编. —
长春：东北师范大学出版社，2022.1
ISBN 978-7-5681-8607-0

Ⅰ.①初… Ⅱ.①汪… Ⅲ.①中学数学课—教学研究
—初中 Ⅳ.①G633.602

中国版本图书馆CIP数据核字（2022）第008789号

□责任编辑：石　斌　　　　　　□封面设计：言之凿
□责任校对：刘彦妮　张小娅　　□责任印制：许　冰

东北师范大学出版社出版发行

长春净月经济开发区金宝街 118 号（邮政编码：130117）

电话：0431-84568023

网址：http：//www.nenup.com

北京言之凿文化发展有限公司设计部制版

北京政采印刷服务有限公司印装

北京市中关村科技园区通州园金桥科技产业基地环科中路 17 号（邮编：101102）

2022年1月第1版　2022年7月第1次印刷

幅面尺寸：170mm×240mm　印张：17.25　字数：283千

定价：45.00元

编 委 会

主　编：汪丽丽

副主编：李洁文

编　委：陈文慧　唐　娟　尹佩芬　李燕华

　　　　蔡　宁　欧阳慧婷　李元珍　郭　毅

　　　　叶冠佟　曹光荣

目录

第一篇　教研成果

第二篇　校本课程

第一篇

教研成果

《初中数学校本活动课程教学中的德育渗透实践研究》结题报告

东莞外国语学校　汪丽丽　陈文慧　唐　娟

一、课题提出的背景及研究意义

（一）课题提出的背景

"综合与实践"是《义务教育数学课程标准（2011 年版）》（以下简称《课标》）第三学段（7 ~ 9 年级）的四个教学内容（数与代数、图形与几何、统计与概率、综合与实践）之一．然而，有的教师认为"综合与实践"这一部分内容考试不考，操作烦琐，费时费力，因此在教学过程中简单带过，甚至不讲；有的教师意识到本部分内容是进行学科德育渗透的最佳切入口，但是没有深入思考和广泛研讨，以常规课堂思路实施教学，导致现实的课堂教学形态和效果与《课标》倡导的理念要求相去甚远．目前，国内外关于初中数学"综合与实践"德育渗透虽有研究，但仅局限于强调内容的重要性与意义，仅有少数典型的教学案例，尚没有一套指导中学数学教师基于"综合与实践"教学内容实施德育渗透的指导性综合研究．

2001 年 6 月，《国务院关于基础教育改革与发展的决定》和《基础教育课程改革纲要（试行）》都明确规定，我国新一轮课程改革将实施国家、地方、学校三级课程管理模式．这为进一步明确地方与学校的课程权力和责任奠定了政策法规基础．

2016 年 9 月 13 日，《中国学生发展核心素养》在北京发布，学生发展核心素养是学生知识、技能、态度、价值观等多方面要求的综合体现．但目前中小学数学教育"学科本位"和"知识本位"现象严重，存在教学目标、内容、评价方式单一等问题，更多关注学生的学科成绩，忽视了对学生数学兴趣的激发，数学学科价值的揭示，以及人文精神、科学素养、道德品质的渗透．

本课题组根据学校基于核心素养建立以"校本活动课程"为契机，开展基于"综合与实践"教学内容的校本活动课程教学，实施德育渗透的实践研究．

（二）课题的研究意义

《课标》指出，要使学生充分、自主地参与"综合与实践"活动，选择恰当的问题是关键．这些问题既可来自教材，也可以由教师、学生开发．《课标》提倡教师选用、开发、生成更多符合本地学生特点、有利于实现"综合与实践"课程目标的好问题．本课题通过"综合与实践"板块的研究实践，以校本活动课为载体，找到初中数学学科教学与德育教学的最佳渗透点，把《课标》中"综合与实践"板块的教学活动校本化，构建校本课程建设基本操作模式．课题研究不仅提高了教师的专业素养，拓展了教师的学科视野，使其高效完成教学任务，还使学生形成了正确科学的"三观"，陶冶了学生的情操，促进了学生数学知识与数学素养的高水平发展．此外，课题组形成了7、8、9年级完整的"综合与实践"校本教材（作为重要的课题实践成果），为成果推广提供了便利并提高了效率，大大降低了一线教师"综合与实践"教学的难度，提高了课堂教学效果．同时，校本教材更好地激发了学生学习数学的兴趣和动力，帮助学生理解所学内容，巩固相关技能，开阔数学视野，是满足学生数学学习的个性化需求的普及类读物，使得学生更好地阅读数学、了解数学、欣赏数学．

二、理论基础

（一）教育基本论德育原理

教育学明确指出："德育是教育者按照一定社会或阶级的要求，有目的、有计划、系统地对受教育者施加思想、政治和道德影响，通过受教育者积极地认识、体验、身体力行，以形成他们的品德和自我修养能力的教育活动．简言之，就是教师有目的地培养学生品德的活动．"教育学还指出，学校德育不仅是班主任和政治教师的事，还要将德育与学科教学相结合，同各种活动相结合．因此，在数学学科中实施德育是可行的．

（二）杜威"五步教学法"

杜威根据在直接经验的情境中发展学生思维的观念，提出了反省思维的五个基本阶段，并根据五个基本阶段提出了教学的五个基本步骤，后来学者总结其为"五步教学法"：第一，教师要为学生创设一个与其实际经验相联系的真实情境，使学生产生兴趣并了解它；第二，在情境中要有刺激思维的课题；第三，要有可利用的资料以做出解决疑难的假定；第四，要在活动中验证假定；第五，根据验证得出结论．

（三）《课标》的要求

《课标》要求课程要结合自身特点，渗透爱国主义、集体主义、世界观、人生观的教育；《课标》总目标指出，让学生体会数学与生活之间的联系，了解数学的价值，提高学习数学的兴趣，养成良好的学习习惯，具有初步的创新意识和实事求是的科学态度．这说明了德育教育在数学教学中的重要性．"综合与实践"活动是培养学生应用意识和创新精神很好的载体，因而是数学学科德育渗透的最佳切入口．

（四）张奠宙教授"数学学科德育理论"

张奠宙教授在《数学学科德育——新视角·新案例》（高等教育出版社）一书中提出了"数学学科德育理论"．该书首先从"热爱数学真理"的底线开始，具体地论述了数学学科德育的三个维度，即人文精神、科学素养、道德品质；然后展示数学德育的六个层次，展开的顺序是从数学本身的文化到数学美，纵向地跨到数学史，上升到数学哲学层次，再是横向联系数学以外的现实，最后则是并无太多数学特征的课堂文化．具体如下：

一个基点：热爱数学。

三个维度：人文精神、科学素养、道德品质。

六个层次（按数学和数学以外领域联系的紧密程度排列）：

第一，数学本身的文化内涵，用数学文化感染学生；

第二，数学内容的美学价值，用"数学美"陶冶学生；

第三，数学课的历史背景，用数学发展史激励学生；

第四，数学体现的辩证因素，用科学的数学观指导学生；

第五，数学周围的社会现实，用数学模型鼓舞学生；

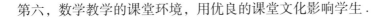

第六，数学教学的课堂环境，用优良的课堂文化影响学生．

三、课题研究目标

（1）挖掘和拓展初中数学"综合与实践"板块的德育素材，构建系统化校本课程内容，努力打造学校特色课程文化．

（2）探索初中数学"综合与实践"校本课程进行德育渗透的教学模式．

（3）整理汇编初中数学校本活动课程中德育渗透的教学设计、学案、课件，优秀教学案例的微课、优课等资源．

四、课题研究内容

（1）初中数学"综合与实践"的学习现状调查分析研究．

（2）初中数学"综合与实践"中具有德育元素的教学内容的挖掘与拓展研究．

（3）初中数学"综合与实践"板块德育渗透的策略研究．

（4）进行初中数学"综合与实践"校本课程系统化构建和德育渗透课堂教学模式的研究．这是课题研究内容的重点，也是课题研究内容的难点．

五、课题研究方法

（一）文献研究法

整理已有关于初中数学德育渗透的有关文献，综述初中数学德育渗透的实施现状和发展方向，为初中数学在校本活动课程中的德育渗透找到理论支撑．

（二）调查研究法

通过问卷调查，了解当前初中数学"综合与实践"的开展情况，从校本课程的内容及形式方面进行研究，从学科价值和学生发展两个角度审视初中数学校本活动课程的设计，寻找在初中数学校本活动课程中进行德育渗透的教学模式．

（三）案例研究法

对典型的教学案例进行个案分析，提炼出共性的内容，优化教学．

（四）行动研究法

将初中阶段的课程分成三部分，即"趣味数学""逻辑数学""智慧数学"，

分别面向初中三个年级的学生依次实施．在课程的实施过程中不断进行调整、完善，力求所开设的课程符合学生的认知水平和知识体系．

六、课题研究步骤

（一）第一阶段，课题准备阶段（2015年4—11月）

1. 确定课题研究的内容，制订课题研究实施方案，召开课题会议，做好组织分工

课题组每周利用集体备课时间进行研讨，不但研讨国家课程而且研讨校本课程，进行理论学习、专题研讨、教学实践、课例分析等，立足常态化实践研究，及时分析、解决存在的问题，该阶段取得的课题成果见表1.

表1　课题成果表

研究阶段	阶段成果	成果形式	承担人
2015.11—2016.4	综合实践校本课程德育渗透前期现状调查	调查报告	唐娟、汪丽丽
2016.4—2017.11	综合实践校本课程德育渗透中后期跟进调查	调查报告	唐娟、汪丽丽
2016.4—2018.12	综合实践校本课程德育渗透实施策略研究	论文、案例	李洁文、汪丽丽、尹佩芬
2015.4—2018.12	综合实践校本课程德育渗透实施模式研究	论文、案例	李洁文、汪丽丽、陈文慧
2015.11—2018.12	综合实践校本课程德育渗透实践研究	案例分析、论文	李元珍、陈文慧
2015.11—2018.12	综合实践校本课程德育渗透实践研究	校本教材、材料汇编	全体成员

2. 开展文献研究

课题立项后组织课题组成员开展理论学习，吸收数学课程标准、数学核心素养的相关理论，以及数学学科德育渗透等相关研究，开拓课题组成员的思维，解放其教学思想.

（1）坚定了在"综合与实践"板块进行德育渗透的研究方向.

"综合与实践"作为《课标》的四大课程内容之一，在各个学段都强调该板块的教学有助于培养学生综合运用所学的数学思想、方法、知识、技能解决一些数学问题. 史宁中教授在《义务教育数学课程标准（2011年版）解读》一书中写道，"综合与实践"内容应成为实现《课标》总目标的重要载体；在具体表现中提道，"学会与他人合作交流；积极参与数学活动，保持对数学的好奇心和求知欲"，以及"在数学学习过程中，体会获得成功的乐趣，锻炼克服困难的意志，建立自信心". 这些都是数学学科德育渗透的描述. 由此可见，我们选定在此板块进行德育渗透的实践研究是具有重要的意义的.

（2）建立了"数学学科德育渗透"的研究框架.

张奠宙教授在《数学学科德育——新视角·新案例》一书中提出了他对数学教学德育的规律性的认识——一个基点、三个维度以及六个层次，让我们明确初步的研究目标是使学生在德育、智育方面双丰收，通过"综合与实践"内容的教学以及"数学学科的德育渗透"实现"$1+1>2$"的教育教学效果，立德树人，促进学生全面发展.

（3）结合"数学学科核心素养"落实了德育渗透的切入点.

2016年9月，中国学生发展核心素养研究成果发布，中国学生发展核心素养以培养"全面发展的人"为核心，综合表现为人文底蕴、科学精神、学会学习、健康生活、责任担当、实践创新六大素养，这正与我们的学科德育渗透中的三个维度——人文精神、科学素养、道德品质契合。由此可见，在数学学科教学过程中进行德育渗透是中国学生发展核心素养的落实. 而本课题是2015年成功开题的，中国学生发展核心素养提出后，在课题实践研究中给予我们重要的指导：结合高中课程标准给出的六个核心素养——数学抽象、逻辑推理、数学建模、运算能力、直观想象、数据分析，以及初中的十个核心概念，帮助我们找到了学科教学与德育渗透的结合点，即在"综合与实践"板块的教学中，落实核心素养，以此切入进行德育渗透.

（二）第二阶段，课题实践阶段（2015年11月—2018年3月）

1. 形成课程制度

2014年9月至2015年11月，课题组通过前期调研、问卷调查，初步了解了我市在"综合与实践"板块教育教学开展情况并不理想,大部分学校对《课标》中"综合与实践"的内容没有给予足够的重视.因此,课题组结合我校情况,在这一年多时间的实践过程中,把《课标》中"综合与实践"板块的教学内容校本化,按照"5+1"课程设计,即每周5课时人教版教材课程+每周1课时校本课程,首先实现了"综合与实践"板块教学的课时保障,同时在校本化的过程中也从内容上丰富了"综合与实践"板块的教学.此外,课题组还初步形成了依靠校本课程的"综合与实践"的教学内容,课程名称分别定为"趣味数学"(初一)、"逻辑数学"(初二)、"智慧数学"(初三),实现了全体学生共同参与,并作为校本必修课程在初中阶段推广.

2. 探究教学实践

在课程制度指引下,课题组在三个年级同时开展基于"综合与实践"校本课程的数学学科德育渗透的实践研究.随着实践与研究的不断深化,课题组发现有两大研究困难:一是如何形成"综合与实践"校本课程体系,二是在学科教学过程中如何进行德育渗透.

解决第一个困难时,课题组首先实现"从无到有"的过程,即依靠教材章前图、数学思考、数学活动以及数学拓展知识等教学内容并结合课外趣味数学问题,初步完成校本课程体系的建构.此阶段主要的成果是课堂教学的PPT.接着,在新一届学生学习同一课程时,课题组将目标提升到"从有到优",即优化课程的选题.这就要求课题组不仅要结合人教版教材的教学进度,还要注重数学活动经验的积累以及数学抽象、数学建模核心素养的落实;不仅要促进学生的常规学习,还不能额外增加课业负担.此阶段主要的成果是形成了丰富的教学资源,优质的教学课件、教学设计、教学评价以及校本教材等.

解决第二个困难时,课题组反复研读张奠宙教授的《数学学科德育——新视角·新案例》《初中数学课题学习的实践与探索》等书籍,并对我们已有的教学资源进行比对分析,结合此前教学反思、新一届学生学情优化已有案例,提出新的案例.

在通过实践解决困难的过程中,课题组借助学校开放日、课题研究中期汇报以及东莞市智慧课堂研讨等平台,邀请广东省教育研究院吴有昌教授、徐勇教授、许世红教授,华中师范大学彭翕成老师,东莞市初中数学教研员刘嘉远老师,广东省名师工作室主持人孟胜奇老师,广东省名师工作室主持人张青云、

蔡映红等老师进行课题研究指导．在实践过程中青年教师展示典型的案例，课题主持人进行阶段性的汇报讲座（表2），课题组中心成员李洁文老师对课题论文写作进行培训等。在此过程中，课题组、学校科组乃至市教研团队均对典型案例进行了研讨、打磨，实现了案例精品化．通过专家的指点与建议，课题组成员进一步明确了研究方向和研究重点．课题组成员参加大型研讨活动及讲座情况见表2、表3．

表2　大型研讨及讲座记录表

时间	讲座人	讲座题目	组织单位
2016.6.23	刘矗远	基于新课标理念下的初中数学德育渗透教学的实践与研究	东莞市教育局
2016.6.23	吴有昌、孟胜奇、张青云等	德育渗透教学指导	东莞市教育局
2016.6.23	汪丽丽	初中数学校本活动课程中的德育渗透——以综合实践板块为例阶段汇报	东莞市教育局
2016.8.25	汪丽丽	讲团结、重创新、求实效——记初中数学校本课程建设	东莞外国语学校
2016.11.25	彭翕成	数学教学与德育	东莞市教育局
2016.11.25	汪丽丽	初中数学校本活动课程中的德育渗透——以综合实践板块为例中期汇报	东莞市教育局
2017.8.25	汪丽丽	"内外兼修"提升数学素养——记初中数学校本课程建设	东莞外国语学校
2017.11.24	汪丽丽	数学综合实践与学科整合	东莞市教育局
2018.11.23—2018.12.1	汪丽丽	一亩"新田"，种桃、种李、种春风——记东莞外国语学校初中数学学科德育渗透	省名师工作室、东莞市进修学校

表3　大型研讨公开课记录表

时间	课题	项目	授课教师
2015.5.29	火柴游戏	新加坡交流展示课	汪丽丽
2016.4.20	校本课程——趣味逻辑推理	市级公开课	汪丽丽
2016.6.23	趣味数学——图形推理	市级公开课	陈文慧
2016.11.25	智慧数学——分类讨论思想	市级公开课	陈文慧
2017.12.11	逻辑数学——反证法	交流展示课	唐娟
2018.1	反证法	市级公开课	李燕华
2018.7.11	趣味数学——折纸中的数学问题	市级公开课	尹佩芬
2018.7.12	趣味数学——第一次数学危机	市级公开课	尹佩芬
2018.11.28	趣味数学——"五花八门"赏数学之妙	交流展示课	叶冠佟

3. 拓展课堂形式

根据中期调查问卷的反馈，绝大部分学生都觉得校本课程的开设十分有必要，并且校本课程的开设对日常的数学学习有很大的帮助，开阔了数学视野，在一定程度上也提升了数学素养，学生对"趣味数学"中设计的大部分课程都比较喜欢，特别是趣味性比较大的课程基本达到预期目标．因此课题组尝试拓展校本活动课程中德育渗透的形式，从课堂上拓展到校园活动，尝试第二种教学方式——基于项目式学习开展"综合与实践"研究性学习．

（1）科技节"几何画板创意绘制几何图形"．

2017年5月，东莞外国语学校第三届科技节举行"几何画板创意绘制几何图形"活动．计算机网络开放性、互通性为学生发散性思维、创造性思维的发展提供了肥沃的土壤；活动贯彻张奠宙教授数学学科德育理论的第二层次——数学内容的美学价值，用"数学美"陶冶学生．在活动中，学生发挥了丰富的想象力，利用几何画板软件绘制出极具创意的几何图形，为智慧插上了翅膀．

（2）布置"设计调查方案调查学生课余阅读情况"暑假作业．

2017年7月，课题组就教材的一道题，即"请你设计一个调查方案，了解你所在的学校同学课余阅读的情况，并比较男生、女生在阅读爱好和阅读量上是否有差异"，组织学生完成"设计调查方案调查学生课余阅读情况"的暑假作业．活动中学生发挥聪明才智，利用 Excel、BDP、EDraw Max 等软件作出直观丰富的统计图，充分利用问卷星、QQ 群投票、微信、腾讯等社交软件的强大功能，实现更便利快捷的调查，利用所学的统计知识进行数据分析，得到有效的调查结果，形成详细的调查报告，充分反映校园现象．通过该实践活动，学生学会用科学的数学观辩证地看待问题．

（3）揭秘"校园贷"——"综合与实践"活动之财经素养教育成果展示．

2018 年 3 月，课题组开展了揭秘"校园贷"——"综合与实践"活动之财经素养教育成果展示活动．本活动旨在落实立德树人根本任务，开展财经素养教育实验和社会实践活动，促进学生核心素养提升，服务国家创新创业教育改革，聚集更多的行业企业、社区家庭等多种社会力量加入，形成财经素养教育的社会统一意识和行动，将持续致力于通过校本课程及"综合与实践"活动、社团活动等多种形式实施并推广财经素养教育，该活动倡导学科融合，普及财经素养教育实践，让学生借助体系化的财经教育活动学会观察与理解社会经济生活现象，了解创造财富和国家繁荣的基本规律，树立正确的财富观与人生幸福观，成为合格的社会主义建设者和接班人．

4. 形成教学模式

在取得较丰富的实践经验后，课题组结合《走进研究性学习——中学数学研究性学习的教学模式》一书，初步形成了具有较强操作性的教学模式，分别是基于课堂问题探究的模式一与基于项目性学习的模式二．模式一是基于学科教学的"综合与实践"课程，研究周期短，是在课堂中引进问题探究模式进行渗透德育的综合知识类型课程．模式二是专门设置的以研究性学习方式为主的研究性课题，合作探究周期较长，结合研学旅行，基于项目式学习的途径方式开展，渗透德育教育．

（三）第三阶段，总结凝练成果阶段（2018 年 3—12 月）

脚踏实地地开展课题各项研究计划后，课题组开始对本课题研究过程中的各个环节进行梳理与成果汇编．课题研究成果分为理论成果与实践成果两大板块，其中理论成果包括研究过程中课题组成员所完成的教育教学论文、课题结题时形成的可供推广的德育渗透实践教学策略以及较完整的德育渗透实践教学模式；实践成果则主要体现为丰富的教育教学资源：校本教材、典型案例集、教学课件、评价测试卷以及典型课例的优课、微课等．此阶段主要进行成果的收集汇编，为本研究课题顺利结题做准备．

七、课题研究成果

在教研室专家与学校领导的关怀下，课题组经过三年的努力，课题研究达到了预期的目标，成果丰硕．

下面就理论成果和实践成果做分项叙述．

（一）理论成果

1.《东莞市初中数学"综合与实践"教学内容德育渗透状况报告》

（1）学生学习"综合与实践"板块情况与意愿调查．

课题实施初级阶段，课题组通过调查问卷对东莞市部分学校 8 年级学生进行随机调查，通过此调查了解其他学校的学生到目前为止对"综合与实践"板块的认识，以及此板块教学在该校的开展情况、存在的问题，为我校开展"综合与实践"板块校本课程提供参考建议，便于我们及时进行调整．问卷调查主要从以下三个维度进行．

维度 1：学生对"综合与实践"板块学习情况调查表（表 4）

表 4　学生对"综合与实践"板块学习情况调查表

项目	A	B	C	总计
频数	0	72	44	116
频率（%）	0	62	38	100

问题："综合与实践"板块中的内容，即"实验与探究"如填幻方、"阅读与思考"如方程史话，"观察与猜想"如翻拍游戏中的数学道理，"课题学习"如设计制作长方体形状的包装纸盒，"数学活动"如家庭理财等，你是否有学习？（　　　）

A. 全部都有学习　　　　B. 有，但学习一部分　　　　C. 从没有学习

维度 2：学生对"综合与实践"板块喜爱程度调查表（表 5）

表 5　学生对"综合与实践"板块喜爱程度调查表

项目	A	B	C	总计
频数	43	66	7	116
频率（%）	37.1	56.9	6	100

问题：你对初中数学"综合与实践"板块内容感兴趣吗？（　　　）

A. 非常感兴趣　　　　　　　B. 一般感兴趣　　　　　　　C. 不感兴趣

维度3：学生对"综合与实践"校本课程学习的期望调查表（表6）

表6　学生对"综合与实践"校本课程学习的期望调查表

项目	①	②	③	④	⑤	⑥	⑦	⑧	⑨	⑩	⑪
频数	118	32	32	23	96	87	70	41	49	27	84

问题：如果你校开展初中数学"综合与实践"校本课程，你认为会对你学习以下哪部分内容有帮助？（　　　）（多选题）

①数感；②符号意识；③空间观念；④几何直观；⑤数据分析观念；⑥运算能力；⑦推理能力；⑧模型思想；⑨应用意识；⑩创新意识；⑪合作能力.

课题组从调查表中分析得知：

① 大部分同学对"综合与实践"板块课程的了解还不够，这与学校开展"综合与实践"课程的力度有关.调查的学校38%根本没有开展"综合与实践"板块课程，即便开设了"综合与实践"板块课程，也是利用课堂"边角料"的时间进行很少内容的学习，此板块的德育渗透更是无法实施.

② 高达94%的学生对"综合与实践"板块课程非常感兴趣，希望学校能够进行"综合与实践"板块课程的开设，并期待能在数感、数据分析观念、运算能力、合作能力等方面提升自己的数学核心素养.

（2）学生学习"综合与实践"校本课程兴趣与收获调查.

课题实施中级阶段，课题组通过调查问卷对我校2016届8年级346名学生进行了全员调查，旨在了解学生学过一年的"综合与实践"校本课程"趣味数学"的情况，以及校本课程对德育的渗透情况.主要有以下几个维度.

维度1：开设数学"综合与实践"校本课程必要性调查表（表7）

表7　开设数学"综合与实践"校本课程的必要性调查表

项目	A	B	C	总计
频数	97	176	27	300
频率（%）	32.3	58.7	9	100

问题：你觉得有必要开设数学"综合与实践"校本课程吗？（　　　）

A. 非常有必要　　　　　　　B. 有必要　　　　　　　C. 没必要

维度2：数学"综合与实践"校本课程的实施效果调查表（表8）

表8 数学"综合与实践"校本课程的实施效果调查表

项目	①	②	③	④	⑤	⑥	⑦	⑧	⑨	⑩	⑪
频数	101	19	110	36	68	64	58	45	54	135	97

问题：（选三项）校本课程的学习，对你提高以下哪些能力有帮助？（　　　）

①数感；②符号意识；③空间观念；④几何直观；⑤数据分析观念；⑥运算能力；⑦推理能力；⑧模型思想；⑨应用意识；⑩创新意识；⑪合作能力.

"综合与实践"校本课程的开设是为了辅助日常教学，校本课程的设计也紧扣教材内容，是对教材内容的一个扩充与拓展. 从调查表7可知，有91%的学生认为开设数学"综合与实践"校本课程有必要，并且校本课程的开设对日常的数学学习有很大的帮助，提升了数学视野，在一定程度上也提升了数学素养，渗透了德育. 学生对"趣味数学"中设计的大部分课程都比较喜欢，特别是趣味性比较大的课程. 所以我们应该提倡这种将"综合与实践"板块内容校本化德育渗透的学习方式，这是完全符合学生需求的.

从调查表8可知，学生校本课程在"图形与几何"部分对他们的帮助是最大的，让学生在初中阶段学习几何更有信心，减轻了他们学习几何的恐惧感. 同时由结果可以看出，学生觉得在创新意识、空间观念、数感、合作能力等方面最有帮助，这恰恰反映了校本课程在德育渗透方面取得了较好的效果，多样化的教学形式使得学生的创新意识、合作探究能力都得到了很大的提升.

2. "综合与实践"板块校本课程德育渗透的策略

课题组在调查研究阶段了解到，很多教师对于初中数学的"综合与实践"课都曾想尝试，但是如何开展、如何选取素材、如何指导学生、如何把握环节，与常规教学的不同等都不够清晰，依托校本课程，课题组初步探索出以下策略.

（1）"综合与实践"板块校本课程德育渗透的素材选取方式.

《课标》指出，教材可以在不违背数学知识逻辑关系的基础上，根据学生

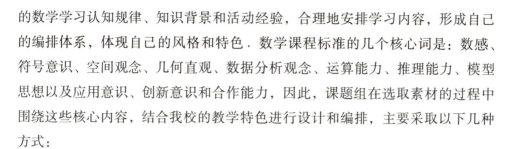

的数学学习认知规律、知识背景和活动经验，合理地安排学习内容，形成自己的编排体系，体现自己的风格和特色．数学课程标准的几个核心词是：数感、符号意识、空间观念、几何直观、数据分析观念、运算能力、推理能力、模型思想以及应用意识、创新意识和合作能力，因此，课题组在选取素材的过程中围绕这些核心内容，结合我校的教学特色进行设计和编排，主要采取以下几种方式：

① 利用国家教材，结合学校特色选取素材．

各个版本教材的章前图、数学活动、阅读与思考、课题学习等内容承载了大量的德育元素，课题组没有盲目使用，而是基于我校致力于培养"民族根基、国际视野、多元融合、全面发展"的适应国际竞争的复合型预备人才的学情，设计选材．例如，人教版八年级下册"阅读与思考"《勾股定理的证明》渗透了丰富的数学文化和数学历史，课题组将其纳入校本教材，让学生以小组合作方式，上网查阅资料，并在校本课程"综合与实践"课中展示，共同探求中外证明勾股定理的文化：中国古代崇尚算法，习惯几何问题代数化；而古希腊则相反，倾心代数问题几何化．不同的文化产生了不同的数学，证明方法没有优劣之分，却有文化上的差异．同时这部分内容指出，我国西汉《周髀算经》中的勾股定理比毕达哥拉斯早 500 年，增强了学生的自豪感，用数学史激励学生好好学习．

② 利用多媒体软件，结合教材信息选取素材．

相对传统的教学和选材，课题组不仅利用几何画板的各种变换，清楚地向学生展示抽象的概念、函数、图形等知识产生的整个过程，还结合动态追踪、迭代等工具，让学生创造出丰富多彩、极具创意的美丽图案，渗透数学美，我们为学生提供探索复杂问题、多角度理解数学的机会，开阔学生的数学视野，提高学生的数学素养．

③ 利用学科融合，结合当今时事选取素材．

报纸杂志、电视广播和网络等媒体常常为我们提供许多贴近时代、贴近生活的有意义话题，课题组从中充分挖掘适合学生学习的素材，向学生介绍其中与数学有关的栏目．课题组融合语文、历史、政治、生物等德育元素丰富的学科内容，以项目式学习的方式，由多学科教师根据各自学科的内容，共同命制项目学习单，将数学作为工具，用数学知识构建数学模型，解决现实生活中的实际问题，诠释简单的经济学现象，提升学生的数学素养，培养学生正确的人生观、价值观.

④ 利用多版本教材，结合数学拓展知识选取素材.

在充满证明和计算的传统数学课堂中，偶尔触及拓展类知识的"综合与实践"校本课程，哪怕只是一个简单的提升，也会让学生自觉地在课后翻阅相关资料，提高自己对数学的兴趣，激发学生对数学的好奇心.

（2）"综合与实践"板块校本课程德育渗透的教学策略.

① 教学应侧重组织形式多样化.

从课题组实施的调查问卷中可以看出，学生，特别是初一、初二的学生喜欢趣味性强的校本课程，这种课程可以很好地激发学生的学习热情. 为此课题组采取了形式多样的课堂组织形式，如分组比赛、男生女生向前冲、一站到底等，寓教于乐.

② 教学应侧重表现形式创新性.

认知心理学的研究表明："学生的知识形成过程是外来信息与学生原有知识和思维结构相互作用的过程，学生的数学能力是以活动作为中介，在活动过程中形成的，在活动中思考，在活动中创新和发展." 课题组编写的校本教材充分调动了教师的主动性和积极性，有利于教师进行创造性教学，而且"综合与实践"板块的校本课程，学生的主体性更加突出，此时要更加注重保护学生的创新意识.

③ 教学应侧重学习过程探究性.

《课标》指出，应引导学生进行自主探索与合作交流，并关注对学生人文精神的培养. 课题组"综合与实践"板块校本课程的内容对课题组全体教师来说也是一个不小的挑战. 面对一个崭新的模式，教师要不断提升自己的专业素养和学科素养，既不能像传统课堂那样包办代替，也不能任由学生"合作探究"；在强调学生主体作用的情况下，要对学生有适度的指导，对学生的分工、任务都要明确，让他们团结协作，而不是只针对部分优生进行"综合与实践"活动展示课，同时要指导学生熟悉最基本的科学方法.

（3）多个角度评价"综合与实践"板块校本课程的德育渗透.

《国家中长期教育改革和发展规划纲要（2010—2020 年)》指出："要改变课程评价过于强调甄别与选拔的功能，发挥评价促进学生发展、教师提高和改进教学实践的功能."因此，课题组评价结果的呈现采用定性与定量相结合、描述性评价和等级评价相结合的方式.

我校学生全员参与学校的"综合与实践"板块校本课程，近两年来学生的水平参差不齐，所以对于学生的评价，课题组"重参与、重体验、重应用"，关注过程性和发展性评价，包括在校本课中是否积极思考，是否认真探索解决问题的方法，是否愿意和小组的其他成员交流，能否从不同的角度分析、解决问题，解释结果的合理性等，及时反馈每个学生在学习中的表现，用发展的眼光看待学生的学习，而不是只给学生最后的结果性评价.例如，下面是教师对24面体展示会某同学的评价：

你很认真，用心制作的24面体给人以美的享受，并且很有创新性，做成了24面体组合体，让同学们打开了眼界，表现很突出，但是你的数学运算能力还有提升空间，继续努力！你的24面体被评为优＋等级.

这个以定性为主的评价，是教师与学生的一次情感交流.学生获得了成功的体验，树立了学好数学的自信心，也知道自己的不足和努力方向.定性的评价还包括对综合实践小制作、小论文、宿舍团队合作成果展示等，共占60%，期末书面测试按照40%的比例计算总成绩.书面测试关注并且体现《课标》设计思路中提出的几个核心词，即数感、符号意识、空间观念、几何直观、数据分析观念、运算能力、推理能力、模型思想，以及应用意识、创新意识和合作能力.例如，校本课程期末考试部分题目如下：

第1题（5分）　按照规律在横线处画出第五个图形

第2题（5分）　一个岔路口分别通向诚实国和说谎国.来了两个人，已知一个是诚实国的，另一个是说谎国的（你并不知道哪个是诚实国的人）.诚实国的人永远说实话，说谎国的人永远说谎话.现在你要去说谎国，但不知道应该走哪条路，只能问其中一个人.请问你应该怎么问？

第3题（10分）　自编一道火柴游戏的题目，并解答.

这是以定量为主的评价，第1题是趣味数学探索规律的问题，考查了学生的数感、几何直观和解决问题的能力；第 2 题是逻辑数学推理问题，考查了学生从具体情境中获取信息的能力和逻辑推理能力；第 3 题是开放性问题，考查了学生的运算能力和创造能力．

每种评价都有各自的特点，但最终的目标都是使学生热爱数学、持久地学习数学．

3. "综合与实践"板块校本课程德育渗透的模式

（1）"综合与实践"板块校本课程德育渗透的原则．

① 系统性．

科学的世界观和良好的道德品质的形成要经历一个耳濡目染、潜移默化的渐变过程，要根据每学期的教学内容和德育目标制订德育计划，长期地熏陶、渗透，才能水到渠成，见到功效．

② 科学性．

德育渗透要符合马克思主义的科学性原理，符合学生的认知规律，注意数学课的本质特征，把握德育渗透的适度、力度、结合度．

③ 循序渐进性．

德育是一个多层次、由浅入深、螺旋上升的整体结构系统，因此要根据学生的认知和心理特征、思维发展水平，有计划、有目的地循序渐进地开展．

④ 渗透性．

德育是与数学知识、思想、方法等的教学有机结合进行的，必须结合数学学科的特点，在"渗"字上下功夫．要把握"渗"的技巧，注意"渗"的力度，使"授知"与"育德"浑然一体，过程越自然越有效果．

⑤ 量力性．

学生能力的提高、思想品德的形成，总是因人而异，不可能是同一模式，因此，在保证共同施教达到统一要求的前提下，还要照顾不同层次学生的特点，注意个别教育与共同教育相结合．

⑥ 情感性．

德育要讲究艺术性，充分发挥情感效应．在师生交往中，建立一种平等、民主、亲切、和谐的师生关系，尊重学生，真诚地关心和理解学生，就会使学生在一种轻松、愉快的气氛中学习知识，领悟道理，在感情交融的情境中获得启迪，在不知不觉中受到熏陶和感染．

⑦ 教师榜样性.

中学生处于世界观形成的初期, 辨伪能力较弱, 加之青春萌动, 模仿性极强, 为师者对学生的影响是直接的, 也是深远的. 一位优秀的数学教师应具备以下特征: 严谨的教学风格和一丝不苟的工作态度, 着装大方得体而有时代感; 数学语言有数学特征, 简洁、准确、严密而富有逻辑性, 以育学生缜密之风; 板书整齐规范, 以养学生方正之气; 指导学生耐心细致; 准时上下课, 给学生以守时的示范.

(2)"综合与实践"板块校本课程德育渗透的模式.

长期以来, 我国中学数学教学由于受应试教育的影响. 以传授知识, 应付考试为目的的应试教学模式相当普遍, 极大地阻碍了中学生的创新精神和实践能力的培养. "综合与实践"板块不在中考内容范围内, 更加得不到教师的重视, 也就无从谈及"综合与实践"板块的德育渗透模式. 我校是一所市直属十二年制公办中学, 是东莞市教育改革试点学校, 2020 年是建校第五年. 建校初期, 学校围绕"核心素养"大力开发校本课程, 语、数、英三科全面实施"5+1"教学模式, 即每周 5 课时国家课程学习, 1 课时校本课程学习, 全体学生共同参与. 这是我校甚至整个东莞初中数学教学中, 唯一一个在初中阶段三个年级同时开设数学校本课程的科组.

对于"综合与实践"的校本课程学习, 课题组理解为一种课程形态, 一种学习方式及教学方式. 基于此, 在"综合与实践"校本实验研究的基础上, 课题组通过对"综合与实践"活动教学支撑理论的再探讨, 结合杜威的"五步教学法"模式(问题情境—确定问题或课题—拟订解决课题方案—执行计划—总结与评价), 尝试构建两种教学模式的基本形式, 可概括为"一二二模式", 即一节校本课程, 两种实施途径、两种教学模式.

①"综合与实践"板块校本课程德育渗透的模式一.

模式一是基于学科教学的"综合与实践"课程, 研究周期短, 是在课堂中引进问题探究模式渗透德育的综合知识类型课程. 具体模式流程图如下:

模式一师生互动行为表见表9.

表9　模式一师生互动行为表

研究步骤	教师指导活动	学生实施活动	德育渗透
设计问题	通过校本课程素材、教学任务等设计问题	体验问题情境，产生问题意识	了解数学史（古今中外），增强国家责任意识与国际理解
思考问题	引导学生发现问题、思考问题，从中产生内驱力	明确、思考问题	学习数学思想、数学方法，提高马克思主义哲学水平
合作探究	指导学生分析问题的方法	先独立思考，再分工合作，分析问题，动手操作、实践，解决问题	培养数学意识、科学精神（合作、民主、创新精神等）、意志品质
评价展示	对小组探究成果进行评价，归纳总结	展示探索的结果	发现、感受数学美
拓展提升	对解决问题的途径、方法进行汇总	整理归纳，形成能力，学会迁移	树立科学的世界观、积极的人生观、正确的价值观

模式一选题素材：

素材1：探寻神秘的"8数".

素材2：探寻神奇的莫比乌斯圈．

素材3：数独大揭秘．

素材4：探寻线段组成的美丽图案．

素材5：数学欣赏——运用数学变换设计莞外微农业园 Logo

素材6：一笔画．

……

模式一操作要旨：

a. 问题的引发很重要，教师要不断提升内化，符合学生知识水平、联系生活实际的例子，创设一种学生易于迅速进入状态的模型情境，激起学生浓厚的学习兴趣，引发一系列问题探讨．

b. 组织探讨时，教师要营造自由的氛围，让学生敢问、敢想，围绕问题独立思考后，尝试解决，再与同伴交流，体验感悟．

c. 在教学活动结束的时候，教师要带领学生对学习内容要进行回顾梳理，深化提升，一方面帮助学生沟通知识之间的联系，构建清晰的认知结构，感受思想方法的重要性；另一方面激发学生继续探究的欲望，使其养成反思的习惯，树立积极的人生观、科学观．

② "综合与实践" 板块校本课程德育渗透的模式二．

模式二是专门设置的以研究性学习方式为主的研究性课题，合作探究周期较长，结合研学旅行，基于项目式学习的方式开展，渗透德育教育．具体流程图如下：

模式二师生互动行为表见表10.

表10 模式二师生互动行为表

研究步骤	教师指导活动	学生实施活动	德育渗透
设计情境	通过科普讲座、案例分析、时事热点、信息技术、校本课程素材等设计情境	广泛阅读，了解教材"综合与实践"内容	增强学生现代公民道德观念（市场准则意识、生态环保意识、网络道德意识等）
确定主题	引导学生发现问题、思考问题，从中产生内驱力，并预测研究中可能存在的问题	做好研究准备，选定研究主题，思考问题，产生问题驱动，思考实施的可能性	①了解数学史（古今中外），增强国家责任意识与国际理解；②学习数学思想、数学方法，提高马克思主义哲学水平
开展研究	介绍研究方法、指导学生分工、与学生共同探讨研究出现的问题等	分工合作，广泛收集相关信息、操作实践、及时拍摄研究过程、记录研究中的体验、数据	培养数学意识、科学精神（合作、民主、创新精神等）、意志品质
评价展示	对小组成果进行评价，归纳总结	展示实践中的成果，运用数学方法诠释生活中的现象	发现、感受数学美
拓展提升	整理成果，介绍撰写研究论文、报告的方法，示范优秀学生作品，使学生完善自己的作品	学生在讨论分析的基础上再次完善成果，动手完成精品小制作，撰写小论文、研究报告等并与教师交流，修改完善	树立科学的世界观、积极的人生观、正确的价值观

模式二选题素材：

素材1：银行存款利息和利率的调查.

素材2：购房贷款决策问题.

素材3：零花钱合理理财问题.

素材4："双十一"购物利润最大化问题.

素材5：几何画板辅助探索数学问题.

素材6：数学中的黄金分割问题.

素材7：一周的生活费如何合理花费问题.

……

模式二操作要旨：

a. 课题的选择本身就具有德育功能，如《财经素养——贷贷平安》课题研究的是当前社会上出现的各种贷款问题，特别是校园贷，有积极的、有效的德育意义；《几何画板艺术平面图》课题学生借助几何画板，设计各种精致的、漂亮的平面图形，培养发现、制造数学美的能力，培育美文化等.

b. 在分工合作的过程中可以培养学生独立思考、质疑反思的理性精神，有理有据、一丝不苟的数学态度. 同时，可以培养学生的数感和推理、合作交流能力，让学生学会用数学的思维去思考，用数学的语言去表达.

c. 研究活动结束，要进行成果整理和提升，可用小论文、图表、模型、实物、调查报告、实验报告、图片、心得体会、展板等不同形式展示，不拘一格，提炼升华，成果固化.

4. 研究过程的思考与反思

在研究过程中，基于核心素养与学科德育渗透，课题组从"综合与实践"板块精心设计校本课程的实践和研究过程中进行思考与反思，形成了多篇优质论文. 其中，论文《基于数学核心素养的实践研究——以初中校本课程"逻辑数学"开发为例》（获广东省教育学会特等奖）提出，校本课程"逻辑数学"的实施有利于提升学生的学习兴趣，有利于提升学生的逻辑思维能力，有利于提升学生的辩证分析能力，有利于增强学生实验操作、创新意识等综合能力和素养；论文《浅谈提升初中学生数学素养的一些实践与思考》（获广东省教育学会特等奖）提出，"综合与实践"校本课程实施策略做到了以情促知，知情互动；凸显数学思想，以思导行；关注学习体验，激发学生潜能. 其如春风化雨，滋润"素养"心田. 《校本研究，我们一直在路上》获东莞市三等奖，《浅谈初中数学核心素养在校本课程的渗透》获东莞市三等奖，论文《基于德育渗透的初中数学校本活动课特色作业设计》获东莞市二等奖，《校本课程〈趣味数学〉对日常数学教学的辅助作用》获东莞市三等奖，《基于信息技术融合的动态几何教学实践与思考》获东莞市三等奖，课题组从"综合与实践"板块校本课程德育渗透的实施策略进行研究，撰写了论文《关于有效培养初三学生解题能力的个案分析》（获广东省教育学会二等奖）、《注重学生发展的课堂提高学生的数学素养》（获东莞市三等奖）、《初中数学综合与实践教学案例研究——校本课程〈贷贷平安〉》等．课题组从"综合与实践"校本课程实施策略、模式探究、案例分析等不同层面进行了研究，提出了解决办法，提供了个案样板，具有较强的理论指导价值和实践参考价值．

（二）实践成果

课题研究在以下四个维度均取得了显著的实践成果：一是提高了教师的专业素养、人格魅力，拓宽了教师的学科视野，使课堂教学变得更鲜活，更具多元性．二是学生的数学知识与数学素养获得了有效发展，形成了正确的人生观、价值观及世界观．三是挖掘和拓展了初中数学"综合与实践"板块的德育素材，构建了系统化校本课程内容，丰富了科组资源，其中包括一批有效的数学"综合与实践"活动案例．与之配套的研究成果有：校本教材《趣味数学》（1册）、"逻辑数学"（1册）、《智慧数学》（1册）、学生《项目式学习数学实践小论文集》（2册）、学生《趣味数学微课集》《逻辑数学微课集》、四是中考成绩在东莞市名列前茅．

1. 维度一：提高了教师的专业素养、人格魅力，拓宽了教师的学科视野

通过该课题研究教师自我成长效果显著．在学校各种引领、激励下，教师自我成长意识明显提高，以课题研究为抓手，努力练内功，专业素养提升很快．有1名教师被评为南粤优秀教师，3名教师被确定为省级骨干培养对象，2名教师被评为市学科带头人，2名教师被评为市教学能手．青年教师陈文慧在中国教育学会中学数学教学专业委员会全国第十届青年教师优质课评比中荣获一等奖，在首届广东省中小学青年教师教学能力大赛中荣获三等奖，在初中数学佛山、东莞、江门联合教研活动中进行"名师大讲堂"活动；李燕华老师在广东省中学青年教师数学问题讲授核心片段展示比赛中荣获省二等奖．

在"综合与实践"校本课程教学中，课题组渗透德育不是简单的说理，而是教师运用自身人格魅力，以身作则，用自身体现出来的人文精神、科学素养、道德品质潜移默化地影响、陶冶学生，学生也对教师产生了敬佩之情，在教师身上体会到一种责任感，对今后的学习、工作都有巨大的促进作用．

2. 维度二：学生的数学知识与数学素养获得了有效发展

（1）让学生更加热爱数学．

学生通过数学实践活动这个平台，有选择、有目的、有计划、有步骤地操作，进行探究、发现、思考、分析、归纳等思维活动，最后能自主地获得概念、理解或解决问题．学生在获取知识的同时，实践能力、思维能力、分析能力、解决能力及合作交流能力得到了提高，数学化思想、建模能力也随之形成，部分学生的创造性思维得到了发展．例如，陈智鑫等同学运用相似知识制作的旋转视力表获得东莞市科技创新大赛二等奖；万荃、袁昊、林舜涛等同学在项目式学习"揭秘校园贷"中表现突出，在教师指导下合作完成的科学论文《从"校园贷"现象引发的数学利率与利息调查分析》获东莞市科技创新论文评比一等奖．学生学习数学的兴趣日趋浓厚，学生是学习的主人这一理念也充分得到了体现．

（2）促进学生养成良好的道德品质．

课题组在开展"综合与实践"板块校本课程的过程中，以宿舍为单位，宿舍长为组长，小组合作，在合作过程中对小组适当指导，指导学生合理分工、团结协作，小组之间互相交流、互相合作，让每一个成员都能完整地展现自身的优势，通过和他人相处，改正自己的陋习，学习别人的长处，在评价组员的同时也能接受别人给出的意见．在实践活动过程中，不同的学生都能获得了发展，每个人都有特长与劣势，学生强烈体会到合作与交流的重要性，从而形成正确的评价观，养成良好的道德品质．

（3）促进学生学科素养的发展．

学生以往的数学学习集中于"纸与笔"之间的计算与证明，过分注重接受学习与模仿训练；现在的数学学习集中在"研究"上，不只是计算与证明，还要经历观察、实验、模拟、比较、猜测、估计、调整、验证等多种研究过程与策略，极有力地发展了自身的学习能力．

3. 维度三：构建系统化校本课程内容，丰富了科组资源

（1）通过课题研究开发出有东莞特色的校本教材．

《课标》指出，"数学素养是现代社会每一个公民应该具备的基本素养"．"核心素养"最终目的是立德树人，而对于我们广大一线教师来说，最好的渗透"核心素养"的方式就是因地制宜、因校制宜、因生制宜地编写具有自己学校特色的校本课程，而"综合与实践"板块是最佳的切入口．课题组通过文献研究、问卷调查、案例研究等方法，调查学生数学活动课的学习现状，了解学生的学习需求，按照学生的年龄特征、认知规律，以《课标》为宗旨，开发校本数学活动课教材．

本套教材包括三本：初一阶段名为"趣味数学"课，通过对实际生活中有趣的数学知识的学习，增强学生对数学文化及数学美的认识，开阔学生的视野，让学生积极参与数学活动，对数学有好奇心和求知欲；初二阶段名为"逻辑数学"课，通过对简单数学逻辑推理方式与方法和有趣、经典的逻辑数学命题的学习，培养学生的数学逻辑思维能力，增强学生数学语言的表达能力和客观辩证解决问题的能力；初三阶段名为"智慧数学"课，通过对数学思想方法和设计解决具体问题方案的学习，体会数学的价值，揭示蕴含于知识点中的一般规律和方法，形成实事求是的科学态度．三年课程设置螺旋上升，由具体到抽象、由简单到复杂，内容涵盖数学史学教育、数学美学教育、辩证思想教育、课本知识拓展等，并且把"数学思想方法"及"数学活动经验"融合到校本课程中，对教材进行合理删减，增加其他版本教材中"综合与实践"板块的优秀案例，既是在国家课程基础之上的合理拓展与补充后的数学教材，又是颇具本校特色的数学科普读物，适合师生及家长共同研读，进而使"综合与实践"板块教学效率最大化．

（2）编制校本数学活动课教材配套的教学资源．

课题组共完成了三年完整的校本课程课件，如优质典型课例、教学设计、学生优质微课．

4. 维度四：中考在东莞市名列前茅

通过课题研究，有效地陶冶了学生的情操，提高了学生的审美能力，使学生形成了正确的世界观及人生观、价值观，激发了学生学习数学的兴趣与热情，促使学生数学知识与数学素养高水平发展．我校教学效果突出，数学成绩在东莞市兄弟学校中名列前茅，2017 年、2018 年两年中考成绩位列公办学校第一，特别是平均分和优秀率优势明显．我校连续多年荣获初中教育质量综合考核优秀奖．

八、课题研究反思及今后设想

透过现象看本质，我们从"综合与实践"校本课程的教学过程中感受到：

分数与德育两手抓，两手都要硬，不关注分数，要吃眼前亏，不注重德育，走不远．在指导学生开展"综合与实践"活动过程中，让学生理解"综合与实践"板块也是一种学习，通过亲身体验，养成科学的精神和实事求是的态度，提高了学生解决问题的能力和数学素养．课题组虽然以校本课程为依托进行了"综合与实践"板块校本教材德育渗透素材的挖掘，在模式、策略等可操作层面进行了研究和实践，但是因为近两年学生的生源发生了改变，学校实施了分层教学模式，课题组计划将校本教材进行分层整合．李洁文老师成功申报了广东教育学会"十三五"教育科研课题《开发初中数学校本课程的实践研究——以我校的"拓展课程"为例》，继续优化改进．

"综合与实践"板块的德育渗透教学是一个大工程，本课题组只是从学校校本课程可操作层面进行德育渗透研究和实践，虽然基本达到了预期的目标，但是也存在很多不足，请各位领导专家批评指正．

参考文献

［1］中华人民共和国教育部．义务教育数学课程标准（2011 年版）［M］．北京：北京师范大学出版社，2012．

［2］章飞，刘黔昉．初中数学课题学习的实践与探索［M］．北京：北京师范大学出版社，2008．

［3］张奠宙．数学学科德育——新视角·新案例［M］．北京：高等教育出版社，2007．

［4］秦奋．初探基于核心素养下的数学作业设计［J］．中国数学教育：初中版，2017（12）：33 − 35．

［5］孙宏安．数学素养探讨［J］．中学数学教学参考（上旬），2016（4）：7 − 10．

［6］黄友初．我国数学素养研究分析［J］．课程·教材·教法，2015（8）：55 − 59．

［7］彭伟强．走进研究性学习——中学数学研究性学习的教学模式［M］．北京：光明日报出版社，2014．

基于德育渗透的初中数学
校本活动课特色作业设计

东莞外国语学校　　汪丽丽

　　《义务教育数学课程标准（2011 年版）》（以下简称《课标》）中包含"综合与实践"板块的内容，此板块内容不在中考考试范围内，因此大多数学校的教师都是简单跳过，甚至不讲，更谈不上作业设计了．但是此板块与德育相关的内容联系丰富，是进行德育渗透的最佳切入口，可以很好地提升学生学习数学的兴趣，陶冶学生的情操，提高学生的审美能力，培养学生的数学素养，使学生形成科学的世界观、积极的人生观、正确的价值观．

　　《课标》指出，"综合与实践"是一类以问题为载体，以学生自主参与为主的学习活动，应当保证每学期至少一次，提倡把这种教学形式体现在日常教学活动中．为此，我校将"综合与实践"板块内容校本化，变为校本必修课程，并形成系统的校本教材，每周一次，把此板块内容融入日常的校本活动课．本文结合我校初中数学科组校本活动课教学的实践，在传统学科德育渗透的基础上，大胆创新，围绕校本活动课作业设计，阐述此过程对德育渗透的重要作用．

一、用初中数学校本课程美学作业陶冶学生情操

　　别林斯基说："美育和德育是密切联系着的，它能陶冶健康的情感，培养高尚的情操，鼓舞人们为建设美好的未来去战斗．"著名数学家华罗庚说："数学本身也有无穷的美妙．"数学美无所不在，数学的符号、公式、算法、图形、表格、方程、解题思路、解题方法……都是很美丽的．但是传统的美育渗透是

让学生简单地寻找符号、公式、算法、图形等中的对称美、和谐美……学生感觉老生常谈——小学数学老师就开始渗透，没有新意．为此，我校初中数学科组把美育渗透与信息技术、文学素养有机结合起来，让师生切身感受到数学的教育不应该仅仅是作为对数学学科的教学，更应该把它作为一种审美教育的载体，用它来感染和启迪学生的心灵，让学生的人格更健全，心灵更美好．

案例 1：初一趣味数学——几何画板创意绘画作业

数学中的几何图形能够形成很多美丽的图案，直接作用于人的感官，是最淳朴的视觉美．新人教版教材中部分章节有"信息技术应用"选学栏目，几何画板工具让简单的三角形、四边形、圆等几何图形"动"起来．结合我校每年一度的科技节，数学科组均要举办"数学之美"——几何画板创意绘画比赛．7年级利用校本课程——"趣味数学"课，给学生做了几何画板软件的使用培训，让学生使用简单的直线、圆、多边形、曲线，经过对称、旋转、平移、迭代等变换，创意绘图，并用一句幽默、诙谐的话概括自己的设计意图，对优秀作业开辟专栏，展示学生的创意．

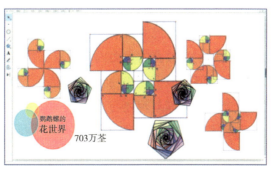

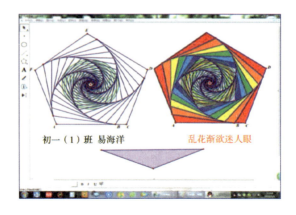

初一（1）班 易海洋　　乱花渐欲迷人眼

703 张文熙　　浮世三千

通过几何画板的动态作用，充分发挥学生的想象力和创造力，学生在借助信息技术学习几何的同时，切身体会到几何变换的过程中蕴含着几何图形的内在美，感受到数学创造的成功和快乐，激发了学习兴趣，并以这种兴趣作为以后学习数学的动力和源泉．同时，运用几何图形的丰富语言来诠释设计意图，诙谐、幽默的语句培养了学生的语言表达能力，提升了学生的文学素养．

二、用初中数学校本课程史学作业激励学生

数学史记录着民族的兴衰，传统的数学史学教育是自豪地宣传从古至今中国数学的辉煌成就，是爱国主义教育的重要内容．这当然是对的，也是平时数学教育教学中可以实施的，但是似乎存在一定的片面性．如果能把史料与当今的现状相结合，把对历史渊源的深刻阐述与当今的国际视野统一起来，用于指导教学，既能增强学生的民族自豪感，又能培养学生的国际意识、吸收人类一切精华的广阔胸怀．

案例 2：初二"逻辑数学"——贸易进出口顺逆差探究作业

自 2018 年以来，美国前总统特朗普频施"辣手"，主动挑起中美贸易摩擦，其直接目的在于以中美贸易严重失衡为借口迫使中国进一步对美开放市场．对外贸易不仅能使各个国家和民族的劳动产品在世界范围内顺利实现交换，还可以使不同经济发展水平的国家和地区之间形成紧密的合作，节约社会劳动，使各国的资源得到最充分的利用．这里蕴含了丰富的数学知识，让我们一起来探究探究吧！贸易差额（Balance of Trade）是指一定时期内一国出口总额与进口总额之间的差额（出口总额 – 进口总额 = 贸易差额），用于表明一国对外贸易的收支状况．当出口总额 = 进口总额时，称为"贸易平衡"；当出口总额 > 进口总额时，称为"贸易顺差"；当出口总额 < 进口总额时，称为"贸易逆差"．通常，贸易顺差以正数表示，贸易逆差以负数表示．

请阅读以下材料（表 1 ~ 表 3），并回答问题．

表 1　1820—1829 年中英进出口贸易价值表　（单位：银两）

时间	出口总额	进口总额	进出口总额	贸易差额	贸易顺差/逆差
1820—1829 年	1001584155	70582955	1072167110		

——整理自《中国近代经济史统计资料选辑》

表 2　1870—1879 年中英进出口贸易价值表　（单位：英镑）

时间	出口总额	进口总额	进出口总额	贸易差额	贸易顺差/逆差
1870—1879 年	480073794	664473290	1144547084		

——整理自《中国近代对外贸易史资料》

表 3　2008—2017 年中国货物进出口贸易总额表　（单位：亿美元）

时间	出口总额	进口总额	进出口总额	贸易差额	贸易顺差/逆差
2008—2017 年	193428.6	149812.9	343241.5		

——整理自《中国海关统计数据》

（1）请把表格补充完整．

（2）1820—1829 年，中国处于贸易顺差的原因是什么？1870—1879 年，中国从贸易顺差变为贸易逆差的原因又是什么？贸易顺差与贸易逆差对国家的发展会产生什么影响？是不是贸易顺差越大越好？请联系历史与现实，用 500 字左右的小论文谈谈你对中国"贸易差额"的看法．

我校通过初一年级校本课程——"趣味数学"一年时间的培养，学生的数学素养在原有基础上得到大幅提高，因此，初二年级校本课程——"逻辑数学"的作业较初一难度有所提升，学生不但要通过数学的计算方法计算史料中贸易顺差/逆差，而且要查询史料，发现表 1、表 2 分别代表鸦片战争前后十年间中国的贸易进出口情况．鸦片战争的全面爆发，导致中国的经济实力急剧下滑，鲜明的数据非常具有说服力，也让学生深刻体会到"落后就要挨打"的道理．正负数的运算、史学资料的深刻阐述、史学小论文的撰写等多维度地渗透，与传统简单的说教相比，学生更能够接受和认同，达到了激发学生学习动力、培养学生家国情怀的目的．

三、用初中数学校本课程思辨作业启迪学生

辩证唯物主义世界观是一切课程、一切教学活动都要努力实现的目标，并非数学独有．传统的数学课堂的辩证唯物主义观渗透有正数与负数、乘法与除法、乘方与开方等内容．但笔者认为，要想让学生充分认识到数学与辩证唯物主义观的联系，还需依托现实丰富的情境，让学生领悟到"数学源于生活实践，反作用于生活实践"的矛盾对立统一．

案例 3：初三"智慧数学"——传统视力表的创新改造

当前，无论是军队征兵体检还是学生升学体检，均采用国际标准视力表，但是每个"E"的位置是固定不变的，记忆好的人只要在测试视力之前浏览一遍视力表，便可以记住一部分，从而使测出来的视力与实际视力出入较大．为此，结合相似相关知识的教学，我们把《制作视力表》列为初三校本课程——"智慧数学"课的实践课题，运用相似的知识对每一行"E"的大小进行研究，但是"E"的方向固定、可以记忆的弊端依旧未能解决，我们把这一项高难度的思辨作业任务留作假期的探究性作业，把学生编成小组让其协作完成．学生可以上网查阅相关资料，制作实物或设计图．开学后，学生提交的作品让我们

耳目一新，设计基本理念是让视力表"动"起来，有"旋转视力表""平移视力表""红外线远控视力眼镜"，还有学生基于视力表的设计理念，设计了"护眼视力表书签".

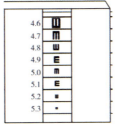

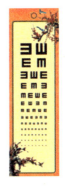

旋转视力表 　　　平移视力表 　　　红外线远控 　　护眼视力
视力眼镜 　　表书签

（1）旋转视力表表盘由轴承固定在底座上，可以自由地旋转．当表盘旋转的时候，同一个"E"的方向就会改变，这样一来，表盘上"E"的方向就会不断变化，无规律可循，且视力表的每个"E"都严格按照国际标准等比例缩放排版，保证了数据的真实性和通用性.

（2）平移视力表可以左右平移抽拉，达到随机抽取"E"的目的.

（3）红外线远控视力眼镜与电脑相连，可以通过红外线远控，电脑随机调取"E"的位置.

（4）护眼视力表书签将国际标准视力表等比例缩小至 33 cm 测试距离，并打印在书签上．阅读者先大概了解自己的真实视力状况，并在书签上对应的"E"旁边做好标记，每次看书前先看书签上的小型视力表的标记，然后不断调整书本与眼睛的距离，使标记好的"E"距离恰好能看见，此时，书本与眼睛的距离就约为 33 cm，为最佳看书距离.

本次实践探究性作业，在学生思辨分析的过程中，其创意展现得淋漓尽致，启迪了学生的智慧，使其形成了严密的逻辑思维习惯，增强了学生勇于克服困难的信心．其实，数学教学内容中包含许多辩证因素，需要我们不断去挖掘、研究和使用.

赫尔巴特曾经说过："我想不到任何'无教学的教育'."可见，德育渗透在教育实践中的重要性．在数学教学过程中，只有将德育本身的因素与数学学科所具有的德育因素有机地结合起来，才能使德育内容在潜移默化的过程中逐步内化为学生个体的思想品德．在全面贯彻新的课程标准，全面实施核心素养教育的今天，教师必须高度重视课堂教学，特别是"综合与实践"板块教学中的德育渗透，大胆改革创新课后作业，使学生在探究的过程中有所发现、有所创造、有所成长，积极主动适应社会发展的需要，逐步形成正确的世界观、人生观、价值观．

参考文献

［1］中华人民共和国教育部．义务教育数学课程标准（2011 年版）［M］．北京：北京师范大学出版社，2012.

［2］章飞，刘黔昉．初中数学课题学习的实践与探索［M］．北京：北京师范大学出版社，2008.

［3］张奠宙．数学学科德育——新视角·新案例［M］．北京：高等教育出版社，2007.

［4］秦奋．初探基于核心素养下的数学作业设计［J］．中国数学教育：初中版，2017（12）：33－35.

［5］孙宏安．数学素养探讨［J］．中学数学教学参考（上旬），2016（4）：7－10.

［6］黄友初．我国数学素养研究分析［J］．课程·教材·教法，2015（8）：55－59.

基于数学核心素养的实践研究

——以初中校本课程"逻辑数学"开发为例

东莞外国语学校　汪丽丽

一、引言

核心素养是新课标的来源，也是确保课程改革万变不离其宗的"DNA"．核心素养将成为未来十年中国教育改革的主导思想，将会给学校带来很多变化．

《义务教育数学课程标准（2011 年版）》（以下简称《课标》）包括"综合与实践"这个领域．但是在以往的教学过程中，很多教师认为，这一领域难以操作，费时费力，更难以考查，因此在教学过程中简单跳过，甚至不讲．有的教师虽然意识到该领域是渗透数学核心素养的最佳切入口，但是没有外在的指导，因而也放弃了该领域的教学，现实的课堂教学形态与现行倡导的核心素养教育理念相去甚远．我校积极推行的初中数学校本课程，尝试通过教育教学研究与改革，构建与新理念相适应的教学模式，将这一板块内容校本化，变为校本课程．内容包括教材上的一部分"数学活动""课题学习"以及教材以外的拓展内容，并立项为东莞市"十二五"课题．校本课程作为必修课程在我校推广，每周一课时．初一阶段名为"趣味数学"课，初二阶段名为"逻辑数学"课，初三阶段名为"智慧数学"课．内容涵盖数学史学教育、数学美学教育、辩证思想教育、课本知识拓展等，并且把数学思想方法及数学活动经验融入校本课程．

二、校本课程的实践研究

基于核心素养的教育改革，从单一知识、技能传授转向综合素质培养，从灌输式学习走向探究性学习，更加关注学生的学习体验、动手实践及创新意识的培养，课堂教学也更加关注课程建设综合化、主体化发展趋势．

校本课程"逻辑数学"课的开发对我校来说是一个大胆的尝试．之所以开设"逻辑数学"，是因为逻辑数学对开发青少年智力起着至关重要的作用．数学家莱布尼茨说过："智力曾经发现的一切东西都是通过逻辑规则这些老朋友被发现的．"伟大的科学家爱因斯坦也提出要把逻辑思维训练作为学校完成的任务之一．鉴于初二学生的年龄特征，以及我校初一校本课程"趣味数学"的基础，我校在初二年级开设校本课程"逻辑数学"，作为教材的有力补充，让学生通过实践活动来领悟知识、获取体验．余文森博士说过："学科知识只是形成学科素养的载体，学科活动才是形成学科素养的渠道．"一年来校本课程"逻辑数学"的实施受到了学生的热烈欢迎，学生很喜欢这种"做中学"的理念，极大地激发了学生学习数学的兴趣，提高了学生的逻辑思维能力，发展了学生客观辩证分析问题、解决问题的能力，增强了学生的语言表达能力和实验操作、创新意识等综合能力和数学素养．同时这几种能力也相辅相成，互相促进．

1. 有利于激发学生的学习兴趣

我校的"逻辑数学"课素材选自生活中常见的逻辑推理方式方法和一些经典逻辑推理案例，内容丰富、新颖，活动方式多样，学生兴趣浓厚．

案例1：图形推理

图形的识别一直都是学生学习几何的绊脚石，特别体现在几何图形的证明上．选择常规的分析图形的方法，学生会觉得枯燥、无味．为了培养学生的识图能力，激发学生学习几何的兴趣，我校在"逻辑数学"的第二节课，开设了图形推理课，从侧面引导学生学会观察、分析、类比图形之间的联系，从而发现图形之间的规律，并且采取竞赛的形式（男生女生向前冲），让学生团队合作，共同学习探究，学生的参与度非常高，极大地激发了学生学习、认知图形的兴趣．小组代表上台解释理由的过程，规范了学生数学语言的使用，增强了学生的语言表达能力．

活动一：学习图形推理的分类和方法

图形推理的实质是探索图形之间的规律，常见的类型主要有样式类、数量类、位置类.

活动二：团队合作，竞赛闯关（共20题）

游戏规则：把全班分为男生、女生两组进行竞赛，亮出题目后有10秒钟的思考时间，在教师说"抢答开始"后举手发言. 答对得1分，说明理由正确得2分；答错扣1分，抢答继续. 所有题目答完后，总得分高的组获胜.

样式类举例："？"号处填入哪个图形能呈现一定的规律.

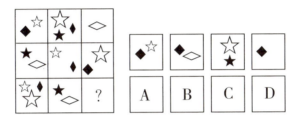

【设计意图】样式类的遍历问题是很好的考查学生观察能力的题目，学生通过观察，发现规律找出共性的特征，即每个图形都出现一次.

数量类举例："？"号处填入哪个图形能呈现一定的规律.

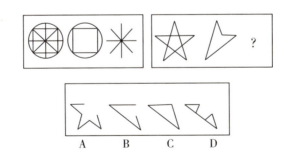

【设计意图】数量类型的图形推理题目，相对比较灵活，可以从组成图形的线段、角的数量入手，也可以从图形自身数量去考虑，为学生学习几何推理时解决图形叠加、分离等问题奠定基础.

位置类举例：把图形分为两类，使之能呈现一定的规律.

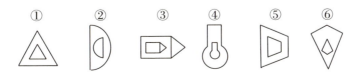

【**设计意图**】位置类型的推理题要紧密结合图形的三种位置关系——对称、平移、旋转，既可以对人教版教材内容加以巩固，又可以提升学生的逻辑思维能力．由于学生所处的文化环境、家庭背景和自身思考问题的角度不同，合作产生的结果也不尽相同．因此，此种类型题目我们不但设计了共性的选择题目，还设计了分类和答案不唯一的题目，以此来发展学生的发散思维．

活动三：课堂小结，画龙点睛

图形推理解题技巧：

（1）图形推理六步看：横向看、纵向看、平移看、旋转看、对称看、综合看．

（2）杂乱图形找共性．

活动四：反馈教学，评价检测

【**设计意图**】为了激发学生学习的动力，也为了更好地评价每一个学生的学习过程，我们采取过程性评价与终结性评价相结合的方式来评价学生的学段成绩．其中，过程性评价占40%，主要是学生每次的课堂检测成绩．终结性评价占60%，是在每个学段结束时学生的学习汇报成绩．这两项加在一起就是学生的学段成绩．

2. 有利于提高学生的逻辑思维能力

新课标指出，要"培养学生对知识进行初步分析、比较、综合、抽象、概括、判断、推理"的能力．学生在学习新知识时，要不断地思考问题，而思考的过程就是一个逻辑思维的过程．反应速度快，聪明的学生就是思维的准确性和敏捷性高，逻辑思维能力强的学生．逻辑思维是智力的核心，是考查一个人智力高低的主要标志，我校的"逻辑数学"课通过一系列系统的逻辑思维训练，大大提升了学生的逻辑思维能力．

案例 2：计算推理

活动一：创设情境，激发兴趣

阅读蕴含极限思想的唐诗：孤帆远影碧空尽，唯见长江天际流．

活动二：小组合作，探究新知

例 1 仔细观察下列式子，按照规律写出第 n 个．

$$\frac{1}{2} = 1 - \frac{1}{2}$$

$$\frac{1}{2^2} = \frac{1}{2} - \frac{1}{2^2}$$

$$\frac{1}{2^3} = \frac{1}{2^2} - \frac{1}{2^3}$$

......

变式1：怎样把 $\frac{1}{3}$，$\frac{1}{3^2}$，$\frac{1}{3^3}$，$\cdots$，$\frac{1}{3^n}$ 拆项？

变式2：怎样把 $\frac{1}{4}$，$\frac{1}{4^2}$，$\frac{1}{4^3}$，$\cdots$，$\frac{1}{4^n}$ 拆项？

变式3：怎样把 $\frac{1}{a}$，$\frac{1}{a^2}$，$\frac{1}{a^3}$，$\cdots$，$\frac{1}{a^n}$ 拆项？（$a \geqslant 2$，且是正整数）

【设计意图】从数字到字母，探索怎样把一个分子是1的分数拆项，为学习分子是1的有限项数列求和做好铺垫．同时渗透从特殊到一般的数学思想方法．

例2 运用拆项法计算 $\frac{1}{2} + \frac{1}{2^2} + \frac{1}{2^3} + \cdots + \frac{1}{2^n}$．

解：原式 $= 1 - \frac{1}{2} + \frac{1}{2} - \frac{1}{2^2} + \cdots + \frac{1}{2^{n-1}} - \frac{1}{2^n} = 1 - \frac{1}{2^n}$

变式1：计算 $\frac{1}{3} + \frac{1}{3^2} + \frac{1}{3^3} + \cdots + \frac{1}{2^n}$．

变式2：计算 $\frac{1}{4} + \frac{1}{4^2} + \frac{1}{4^3} + \cdots + \frac{1}{4^n}$．

变式3：计算 $\frac{1}{a} + \frac{1}{a^2} + \frac{1}{a^3} + \cdots + \frac{1}{a^n}$．

例3 猜想：$\frac{1}{2} + \frac{1}{2^2} + \frac{1}{2^3} + \cdots + \frac{1}{2^n} + \cdots$ 的和是多少？

问题：例3与例2有什么不同？

答：从有限项到无限项，当 n 无限大时，和为1.

变式1：计算 $\frac{1}{3} + \frac{1}{3^2} + \frac{1}{3^3} + \cdots + \frac{1}{3^n} + \cdots$．

变式2：计算 $\frac{1}{4} + \frac{1}{4^2} + \frac{1}{4^3} + \cdots + \frac{1}{4^n} + \cdots$．

变式3：计算 $\frac{1}{a} + \frac{1}{a^2} + \frac{1}{a^3} + \cdots + \frac{1}{a^n} + \cdots$．

例4 你能构建图形表示 $\dfrac{1}{2} + \dfrac{1}{2^2} + \dfrac{1}{2^3} + \cdots + \dfrac{1}{2^n} + \cdots$ 的和吗？

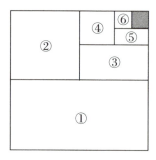

无限分下去，面积和等于整体 1.

变式1： 计算 $\dfrac{1}{3} + \dfrac{1}{3^2} + \dfrac{1}{3^3} + \cdots + \dfrac{1}{3^n} + \cdots$.

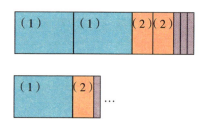

无限分下去，面积和等于整体的二分之一.

变式 1 的图形说明相对例 4 来说略有难度，为此构造一个情境给学生：把一个面积是 1 的矩形，先三等分，取其中一份（得到第一项），其余平均分给两个学生，把取走的再三等分，取其中一份（得到第二项），其余平均分给两个学生……无限分下去，取走的一份越来越少，无限接近 0，而两个学生的和趋近于全体 1，于是，每个学生得到的矩形面积之和趋于二分之一.

变式2： 计算 $\dfrac{1}{4} + \dfrac{1}{4^2} + \dfrac{1}{4^3} + \cdots + \dfrac{1}{4^n} + \cdots$.

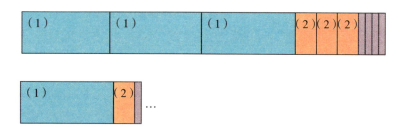

无限分下去，面积和等于整体的三分之一.

变式3：计算 $\dfrac{1}{a} + \dfrac{1}{a^2} + \dfrac{1}{a^3} + \cdots + \dfrac{1}{a^n} + \cdots$.

无限分下去，面积和等于整体的 $\dfrac{1}{a-1}$.

【设计意图】从"数"和"形"两个角度，运用数形结合的数学思想方法，巧妙求无限项级数的和，从有限项过渡到无限项，在整个活动过程中发展学生思维的敏捷性，渗透极限思想.

活动三：验证猜想，拓展延伸

例 验证 $\dfrac{1}{a} + \dfrac{1}{a^2} + \cdots + \dfrac{1}{a^n} + \cdots$ 的和是 $\dfrac{1}{a-1}$.

解：设 $x = \dfrac{1}{a} + \dfrac{1}{a^2} + \cdots + \dfrac{1}{a^n} + \cdots$

则 $ax = 1 + \dfrac{1}{a} + \cdots + \dfrac{1}{a^n} + \cdots = 1 + x$

$ax - x = 1$

$x = \dfrac{1}{a-1}$

前后呼应，解释活动一情境诗句中蕴含的极限思想.

【设计意图】运用方程的思想，验证所求无限项级数的和是一个确切的数据，让学生体会从量变到质变的过程中渗透了极限的数学思想，发展学生思维的准确性.

活动四：归纳小结，反馈检测

本案例通过有限项、无限项求和的过程渗透极限思想，虽然中考不曾涉及，而且高中和大学阶段才学习，但是本案例借助图形感知事物的形态与变化，有助于学生理解和解决数学问题，有助于渗透辩证思维（如数与形、特殊与一般、有限与无限、量变与质变等），有助于学生直观想象能力的培养，从而提升学生的逻辑思维能力，丰富学生的核心数学素养.

3. 有利于提高学生客观辩证分析问题、解决问题的能力

学习作为推理、思辨工具的逻辑数学，对于提高学生的思辨能力，启发学生心智，使其准确地表达思想、驳斥谬误、正确论证具有十分重要的作用. 我校的校本课程"逻辑数学"内容包括简单数学逻辑推理方式与方法，有趣的逻辑数学名题、逻辑推理案例等，系统性强，与高中和大学接触的逻辑学不同，内容浅显易懂，易于学生接受和了解．

案例 3：用逻辑推理揭秘生活中的现象

生活中用砖砌成的烟囱是圆柱体吗？

刘徽的"割圆术"所述："割之弥细，所失弥少，割之又割，以至于不可割，则与圆合体而无所失矣．"

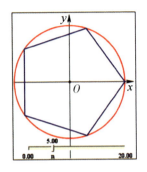 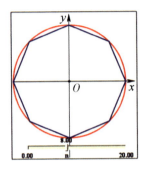 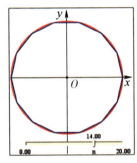

烟囱很大，砖块很小．每块砖的长度就相当于正 n 边形的边长，其中，n 就是围一圈所需的砖块数．烟囱看似是圆，实则是正多边形．

4. 有利于增强学生实验操作、创新意识等综合能力和素养

校本课程的很多活动内容需要学生合作完成，为了方便学生交流探讨，我校在实施过程中打破常规分组方式，把学生按照宿舍分组．因为学生周一至周五一直在校生活，与宿舍成员建立了深厚的友谊，此种分组方式不但增强了小组的团队合作能力，而且在探究过程中增强了学生的实践操作等综合能力和素养，促进了学生学习方式的转变．

案例 4：小组逻辑数学汇报课

通过一年逻辑数学的学习，学生对逻辑数学的相关知识也有了初步的了解，为了促进学生更加深入地学习逻辑数学的相关知识，在初二下学期期末，我校组织学生进行"逻辑数学"课汇报展示，在全班交流并评奖．在这一案例中，整个合作探究的过程要由宿舍全体成员共同完成，各小组自己选择宿舍小组成员感兴趣的逻辑数学知识，进行深入探究学习，自己设计课题，自己设计 PPT，自己安装微课软件，自己录制微课并完成后期剪辑，学生的主体性得到了充分发挥．这一任务对学生具有挑战性，需要学生群策群力，合作完成．

案例 5：用几何画板创意画函数图像

初二下学期学习了函数图像的知识后，为了让学生体会函数图像的神奇和魅力，"逻辑数学"课上教师为学生做了几何画板软件和 Desmos 软件的使用培训，让学生利用函数的图像创意绘图，把抽象的函数解析式转化为直线、抛物线、心形线、螺旋曲线等，并把这些函数图像创意组合，用一句诙谐幽默、简洁的语言概括自己的设计意图．学生深刻地感受到数学之美，同时培养了语言表达能力和创造能力，陶冶了情操，提高了审美能力，提升了数学素养．

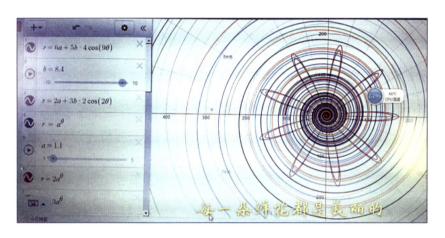

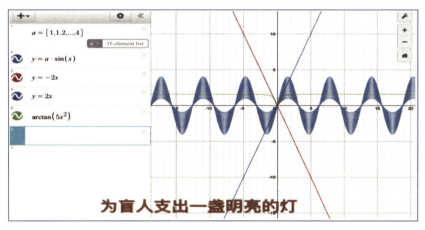

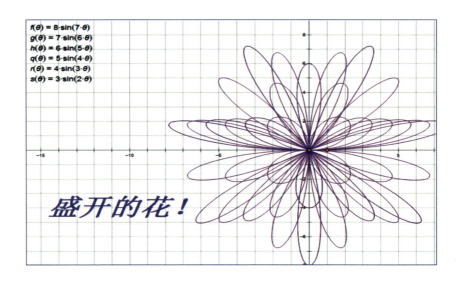

$f(\theta) = 8 \cdot \sin(7 \cdot \theta)$
$g(\theta) = 7 \cdot \sin(6 \cdot \theta)$
$h(\theta) = 6 \cdot \sin(5 \cdot \theta)$
$q(\theta) = 5 \cdot \sin(4 \cdot \theta)$
$r(\theta) = 4 \cdot \sin(3 \cdot \theta)$
$s(\theta) = 3 \cdot \sin(2 \cdot \theta)$

盛开的花！

三、实践后的思考

起初实施校本课程，笔者内心是忐忑不安的，担心每周一课时的校本课程教学影响常规课程教学．但在实施过程中笔者发现，实施校本课程非但没有影响常规教学，反而极大地激发了学生学习数学的积极性，提升了学生的学习成绩．虽然校本课程的内容不在中考的范围内，但学习数学并不只是为了考试；学习数学的一个重要目的是提高数学素养，通过数学学会思维．德国著名的教育家、数学家克莱因也说过："音乐能激发情怀，绘画使人赏心悦目，诗歌能动人心弦，哲学使人获得智慧，科学可改善生活，但数学能给予以上的一切．"这就是数学核心素养的魅力所在．学生数学素养的形成是一个长期的、不断体验的、慢慢积淀的过程，短时间内数学素养提升效果不是很明显，但是，随着我校两年校本课程"趣味数学""逻辑数学"学习的深入，学生的逻辑思维能力、创新能力，分析问题、解决问题、语言表达、实验操作等能力都有不同程度的提升．

参考文献

[1] 章飞，刘黔昉．初中数学课题学习的实践与探索［M］．北京：北京师范大学出版社，2008.

[2] 柯孔标．校本教研实践模式研究［M］．杭州：浙江大学出版

社，2010.

［3］罗增儒．无穷过程 $\sum\limits_{k=1}^{\infty}\dfrac{1}{n^k}=\dfrac{1}{n-1}(n\geqslant2,n\in\mathbf{N}_+)$ 的直观演示［J］．中学数学研究，2012（2）：13－15.

［4］孙宏安．数学素养探讨［J］．中学数学教学参考（上旬），2016（4）：7－10.

［5］黄友初．我国数学素养研究分析［J］．课程·教材·教法，2015（8）：55－59.

［6］马云鹏．关于数学核心素养的几个问题［J］．课程·教材·教法，2015（9）：36－39.

揭秘非法"校园贷"的系列教学研究与反思

东莞外国语学校　汪丽丽　张宏杰　欧阳慧婷　陈文慧　梅淑萍

一、引言

《中国财经素养教育标准框架》（以下简称《框架》）是面向幼儿园到大学各个学段的学生群体，以心智及知识储备较为稳定的高中为标准研制的定段学标，然后以此为基调分学段上下延伸至大学和初中、小学、幼儿园．我校是东莞市教育综合改革的试点学校，也是东莞市唯一的十二年一贯制公办学校，学校大力推行课程建设，实施十二年制校本课程系统化，尝试通过教育教学研究与改革，将各学科融合在一起，提升学生的综合素养．

现代经济生活日益多元化，中小学生面对的金融环境日益复杂．数字技术既让人们享受到了金融服务的便利，也容易让人们暴露在不安全的环境中——可能接触到短期信贷和有问题的金融产品．现代经济生活需要个体具备良好的财经素养，青少年必须拥有可以体验金融市场的相关知识和技能，还要开始了解金融市场的风险和陷阱，判断金融产品和服务的安全性．近年来，屡屡发生的大学校园裸贷事件、电信诈骗事件、传销案件充分说明青少年缺乏必备的财经素养．因此，广泛深入地开展财经素养教育，提升学生财经素养具有重要的现实意义和时代紧迫感．本文以目前社会上乱象丛生的"校园贷"揭秘实践研究为例，旨在让学生了解储蓄与信贷的知识与事实，能够对某些经济行为的不良后果进行预判，维护个人良好信用，形成正确的价值观．

二、揭秘非法"校园贷"实践研究过程

(一)多维度揭秘非法"校园贷"

从 2015 年开始,部分不良网络借贷平台采取虚假宣传的方式和降低贷款门槛、隐瞒实际资费标准等手段,诱导学生过度消费."校园贷"的疯狂滋生在很大程度上源于学生对贷款基本常识的缺失,为了让学生充分认识"校园贷",课题组采取项目式学习的方法从三个维度对此知识进行普及.

维度 1:初步感知——了解非法"校园贷"

我校财经素养教育体系可概括为"两个层面,三个环节,四个平台".两个层面指认知层面、行动层面,三个环节指识钱、赚钱、用钱,四个平台指感知平台、创造平台、创业平台、效用平台.其中,"学科教学渗透财经素养元素""学科课程与财经素养课程融合"是研究重点.

"揭秘非法'校园贷'"的学习活动属于认知层面、识钱环节、感知平台的内容.2017—2018 学年寒假,课题组以项目式学习方式引导学生研究"王安石变法之青苗法".北宋宰相王安石为解决民间疾苦推行"青苗法",该法规定,政府在上、下半年向农民贷款 1 万元,半年后收回本息共计 1.2 万元;要求学生研究:北宋政府所供贷款的年利率是多少?为什么该措施在北宋时期属于政府援助?该贷款年利率若在今天是否受到法律保护?(详见附件1)

此次寒假作业是数学、历史与财经素养的自然融合,问题情境是历史学科的,解决问题则须用数学知识与方法,而正确理解该问题则需要具备基本的金融常识.寒假作业引起了学生与家长的强烈兴趣,有些非常热爱历史的学生为了把历史问题弄懂,利用寒假时间在父母帮助下阅读查找资料,深入钻研数学并爱上了数学,出色完成了寒假作业.将财经知识自然融入学科学习,产生了"1+1>2"的效果,让师生初步感受到跨学科研究的魅力.

维度 2:深入探究——揭秘非法"校园贷"

《框架》初中学段维度二"储蓄与投资"与"利率与信贷"相关,但又不完全对应,因为《框架》中的利率主要是指存款利率,而"校园贷"涉及的是贷款利率,且与学生生活密切相关.为此,初中数学科组借助校本必修课程平台,首先指导学生查阅资料,了解"校园贷"的背景知识;其次以寒假作业为依托,指引学生自主探索相关问题;最后在开学后再开设系列讲座,师生共同深入交流探讨.

例如,寒假作业要求学生弄明白"年利率"与"月利率"之间的换算关系,贷款月利率与存款月利率计算方式的差异,等额本金还款、等额本息还款计算依据的差异,等等.虽然有些公式推导涉及高中数学,但上网查阅资料可以找到计算公式并借助计算器完成计算.这些内容的自主探索学习,让学生深入理解了贷款还款方式远不是想象中的那么简单.

为了让学生更深入地了解非法"校园贷"的条款黑幕,我们在系列讲座中采用了情境参与的方式,让学生体验了贷款客户的角色,对条款"九出十三归"进行揭秘:

假如你选择贷 10000 元,一年后到期一次性归还 13000 元,并收取 10% 手续费,请你计算年利率.

解:设年利率为 x,则 $(10000 - 10000 \times 10\%) x = 13000$

$9000 (1 + x) = 13000$,$x \approx 0.44$

年利率高达 44%,这已经是不受法律保护的高利贷范围了,更加危险的是如果到期不能按时归还,则每年的还款额则会在 13000 元之上按 $\frac{13}{9}$ 的乘方次变化,数据惊人:

第 1 个年:$13000 \times \frac{13}{9} \approx 18778$(元)

第 2 个年:$13000 \times \frac{13}{9} \times \frac{13}{9} = 13000 \times \left(\frac{13}{9}\right)^2 \approx 27123$(元)

第 3 个年:$13000 \times \left(\frac{13}{9}\right)^3 \approx 39178$(元)

……

第 12 个年:$13000 \times \left(\frac{13}{9}\right)^{12} \approx 1033459$(元)

情境展示结束后,学生非常震惊,贷款 10000 元,一年后还不起,还款额越积越多,到第 12 年还款额竟然达到 103 万元!学生终于明白,为什么近年来频频爆出学生深陷"校园贷"困局,甚至发生连累家人、倾家荡产的事件.原因一是非法"校园贷"是高利贷的衍生物,某些平台除收利息外,还收取各种费用,部分学生由于自我保护意识较弱,最终上当受骗;原因二是"校园贷"放贷程序不合法,无须任何抵押就能放款,短时间就拿到少则几百元,多则数

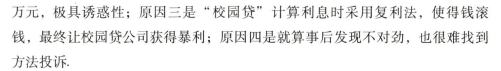

万元，极具诱惑性；原因三是"校园贷"计算利息时采用复利法，使得钱滚钱，最终让校园贷公司获得暴利；原因四是就算事后发现不对劲，也很难找到方法投诉．

维度3：因势利导——远离非法"校园贷"

系列讲座后，学生深层次地认识了非法"校园贷"背后的黑幕，课题组因势利导，对学生进行了财富与人生的价值观引导．"校园贷"本来是一种学生助学和创业的贷款平台，本没有什么不好，关键是多半学生为了满足虚荣心买奢侈品，过度消费，再加之一些不法平台，采取虚假宣传方式和降低贷款门槛、隐瞒实际资费标准等手段，使得不少学生深受"校园贷"的困扰．为此，课题组在揭秘非法"校园贷"黑幕后，引导学生形成正确的理财观念、消费观念，并依托学科融合的作用，对比王安石变法中"低息贷款"的年利率、××贷平台的校园贷款实际年利率、现实生活中银行的贷款年利率三者的区别，撰写一篇小论文，谈谈揭秘非法"校园贷"案例学习后的感受，最后从中挑选了一部分写得比较好的文段整理出来，发布在我们学校的微信公众号上：

通过收集和对比信息我发现，"校园贷"的揭秘就像剥洋葱一样．"校园贷"有很大的欺骗性，这么明显的风险，为什么还是有这么多人掉入坑里呢？通过调查我们发现，私人借贷机构很隐蔽，就像传销机构一样会进行各种高大上的包装，具有高度的流动性、迷惑性和煽动性．调查中我们还发现另一种现象，也需要引起同学们的注意：不仅借入会有陷阱，不理智地借出也会导致严重后果（此处不做深入讨论）．

在通过网络查询各大银行门户网站后我们发现，存款利率的信息容易获取，但贷款利率没有公开．现场调查发现，商业银行对往年的担保抵押产品，如热门的消费贷款已停止办理，传统的信用卡业务正常．信用卡业务如果面向大学生，随着个人征信法律法制的发展和健全，不良信用记录的后期成本也很高．同学们还是要三思而后行．

——7 年级（6）班　赵一铭

北宋时期的"青苗法"的推出对促进经济发展，降低农民负担起到了一定的积极作用，具有深刻的跨时代的历史意义．当代的"校园贷"相比普通银行贷款具有贷款容易、还款困难、利息畸高等特点，容易对自控力不强的学生产生诱惑，从而引发无力还款等悲剧，要明令禁止．

——7 年级（5）班　杜政隆

（二）利息利率基础知识测评

自 2018 年 1 月以来，课题组面向七年级的部分学生组建了财经素养研究社团，进行了系统的财经素养课的指导．七年级数学备课组也利用校本必修课程——"趣味数学"课对全体学生进行了财经素养方面的指导，如揭秘非法"校园贷"、"双十一"利润大揭秘等．那么，财经素养课的开设对学生财经素养的提升是否有效果呢？课题组于 2018 年 4 月，在 6 ~ 11 年级每个年级随机抽取 40 名学生，共计 240 名学生进行了利息利率基础知识测评，期望了解不同年级学生对《框架》维度二"储蓄与投资"中利息、利率等基础知识的掌握情况（问卷详见附件 2）．

1. 利息、利率基础知识测评的编码与评分

借鉴 PISA（国际学生评估项目）理念，课题组采用编码对考生作答进行归类．问题 2 采用一位数编码：0 表示作答不能接受，9 表示作答空白，1 表示部分得分，2 表示满分．问题 1 和问题 3 采用双位数编码：十位上的数字给出的是作答得分层级，个位上的数字给出的是同一个得分层级中的不同作答方法策略或错误类型，问题 4 的编码与评分标准分别用问题 1、问题 2 - 1、问题 2 - 2、问题 2 - 3 加以说明，具体如下（表 1 ~ 表 4）．

表 1　问题 1 的编码与评分标准

项目	分级赋分		
	满分	**部分得分**	**零分**
编码说明	分两类：（1）知道本息和计算公式，用定期存款的年利率，写出计算过程；（2）用定期存款的年利率，先求出利息，再求出本息，并写出计算过程	分两类：（1）知道用乘法，用定期存款的年利率，但未算出结果，或算出错误答案；（2）仅仅计算出了利息	分三类：（1）用活期年利率计算；（2）定期年利率没有加百分号；（3）用其他定期年利率计算

项目	分级赋分					
	满分		部分得分		零分	
	作答样例	编码	作答样例	编码	作答样例	编码
作答类别	4000 × （1 + 2.05%） =4082（元）	21	4000 × （1 + 2.05%）	11	4000 × （1 + 0.3%） =4012（元）	01
					4000 × 2.05 =8200（元） 8200 + 4000 =12200（元）	02
	4000 × 2.05% × 1 =82（元） 4000 + 82 =4082（元）	22	4000 × （1 + 2.05%） =4082（元）		4000 × （1 + 3.25%） =4130（元）	03
					4000 × （1 + 2.52%） =4100.8（元）	
			4000 × 2.05% × 1 =82（元）	12	4000 × （1 + 1.43%） =4057.2（元）	

表2　问题2-1的编码与评分标准

项目	分级赋分		
	满分	部分得分	零分
编码说明	分三类：（1）知道利息＝本金×月利率×月期数，将活期年利率除以12得到月利率进行计算，并得出正确结论；（2）知道利息＝本金×利率×期数，将活期年利率除以6得出2个月的利率再计算，并得出正确结论；（3）计算出正确利息后再加上本金，求出本息和	分步列式，知道把2个月转化为$\frac{1}{6}$年，但是使用定期年利率计算利息得到错误答案	分六类：（1）知道利息＝本金×利率×期数，但是把活期年利率当作月利率计算；（2）直接用本金×活期年利率或使用活期年利率计算本息和；（3）把3个月定期利率转化为2个月利率计算；（4）把1年定期利率转化为2个月利率计算；（5）其他答案；（6）空白

续 表

项目	分级赋分					
	满分		部分得分		零分	
	作答样例	编码	作答样例	编码	作答样例	编码
作答类别	$4000 \times 0.3\% \div 12 \times 2$ $=2$（元）	21	2 个月 $= \dfrac{2}{12} = \dfrac{1}{6}$ 年 1 年利息是 82 元 $\therefore 2$ 个月利息是 $82 \times \dfrac{1}{6} \approx 14$（元）	11	$4000 \times 0.3\% \times 2$ $=24$（元）	01
	$\dfrac{2}{12} = \dfrac{1}{6}$ $3\% \times \dfrac{1}{6} = \dfrac{1}{200}$ $4000 \times \dfrac{1}{200} = 20$（元）	22			$4000 \times 0.3\% = 12$（元）	02
					$4000 \times （1+0.3\%）$ $=4012$（元）	
					$4000 \times 1.32\% \times \dfrac{2}{3}$ $=35.2$（元）	03
					$4000 \times 2.05\% \times \dfrac{2}{12}$ ≈ 14（元）	04
	$4000 \times 0.3\% \div 12 \times 2$ $=2$（元） $4000 + 2 = 4002$（元）	23			4000 元，0 元，240 元，24.036 元，201.6 元	05
					空白	99

表 3 问题 2 – 2 的编码与评分标准

项目	分级赋分		
	满分	部分得分	零分
编码说明	分三类：（1）正确计算出月利率和每个月固定偿还的本金，分别计算每个月利息，再相加求出一年总利息；（2）正确计算出月利率和每个月固定偿还的本金，列综合算式，提取 2% 后用等差数列求和公式计算；（3）正确计算出月利率和每个月固定偿还的本金，列综合算式，提取 500×2% 后用等差数列求和公式计算	分四类：（1）仅仅正确计算出月利率和每个月固定偿还的本金；（2）正确计算出月利率和每个月固定偿还的本金，列综合算式正确，但计算错误；（3）正确计算出每个月固定偿还的本金，但用年利率计算利息；（4）正确计算出月利率和每个月固定偿还的本金，但计算总利息时漏算了第一个月的利息	分四类：（1）把年利率当作月利率计算利息，没有理解等额本金的意思；（2）把年利率当作月利率计算本息和，没有理解等额本金的意思；（3）其他作答；（4）空白

项目	分级赋分					
	满分		部分得分		零分	
	作答样例	编码	作答样例	编码	作答样例	编码
作答类别	$6000 \div 12 = 500$（元） $24\% \div 12 = 2\%$ 1 月：$6000 \times 2\% = 120$（元） 2 月：$5500 \times 2\% = 110$（元） 3 月：$5000 \times 2\% = 100$（元） 4 月：$4500 \times 2\% = 90$（元） 5 月：$4000 \times 2\% = 80$（元） 6 月：$3500 \times 2\% = 70$（元） 7 月：$3000 \times 2\% = 60$（元） 8 月：$2500 \times 2\% = 50$（元） 9 月：$2000 \times 2\% = 40$（元） 10 月：$1500 \times 2\% = 30$（元） 11 月：$1000 \times 2\% = 20$（元） 12 月：$500 \times 2\% = 10$（元） $120 + 110 + 100 + 90 + 80 + 70 + 60 + 50 + 40 + 30 + 20 + 10 = 780$（元）	21	$6000 \div 12 = 500$（元） $500 \times 24\% = 120$（元）	11	$6000 \times 24\% = 1440$（元）	01
			$6000 \div 12 = 500$（元） $24\% \div 12 = 2\%$ $6000 \times 2\% + 5500 \times 2\% + 5000 \times 2\% + \cdots + 500 \times 2\% = 740$（元）	12	$6000 + 6000 \times 24\% = 7440$（元）	02
			$6000 \div 12 = 500$（元） $24\% \div 12 = 2\%$（元） $500 \times 24\% + 2 \times 500 \times 24\% + 3 \times 500 \times 24\% + \cdots + 12 \times 500 \times 24\%$ $= \dfrac{(1 + 12) \times 12}{2} \times 500 \times 24\% = 9360$（元）	13		

续　表

项目	分级赋分					
	满分		部分得分		零分	
	作答样例	编码	作答样例	编码	作答样例	编码
作答类别	$6000 \div 12 = 500$（元） $24\% \div 12 = 2\%$（元） $6000 \times 2\% + 5500 \times$ $2\% + 5000 \times 2\% + \cdots$ $+ 500 \times 2\%$ $= 2\% \times (6000 +$ $5500 + 5000 + \cdots +$ $500)$ $= 2\% \times (6000 +$ $500) \times 12 \div 2$ $= 780$（元）	22	$5500 \times 2\% + 5000 \times$ $2\% + \cdots + 500 \times 2\%$ $= 2\%（5500 + 5000$ $+ \cdots + 500） = 2\%$ $\times (5500 + 500) \times$ $12 \div 2 = 720$（元）	14	7920（元）， 120（元）， 11413（元）， 4980（元）， 7440（元）， 1752（元）， 6780（元）， 117（元）， 516.45（元）， 1680（元）， 7320（元）， 1920（元）， 9495.38（元）	03
	$6000 \div 12 = 500$（元） $24\% \div 12 = 2\%$（元） $6000 \times 2\% + 5500 \times$ $2\% + 5000 \times 2\% + \cdots$ $+ 500 \times 2\% = 2\% \times$ $500 (12 + 1) \times$ $12 \div 2 = 780$（元）	23				
					空白	99

表 4　问题 2 - 3 的编码与评分标准

项目	分级赋分		
	满分	部分得分	零分
编码说明	知道等额本息的含义，每月还款金额计算公式正确，答案正确	分二类：（1）知道等额本息的含义，设每月还款本息和为 x，但列方程时，每个月剩余本金表达错误；（2）正确计算出月利率和第一个月的利息，但误以为每月偿还本金固定、每月偿还利息固定	分三类：（1）把年利率当作月利率计算利息，没有理解等额本息的意思；（2）与等额本金混淆，按照等额本金计算；（3）空白

续 表

项目	分级赋分					
	满分		部分得分		零分	
	作答样例	编码	作答样例	编码	作答样例	编码
作答类别	$\dfrac{6000 \times 2\% \times (1+2\%)^{12}}{(1+2\%)^{12}-1}$ $=567.36$（元） 总利息： $\dfrac{12 \times 6000 \times 2\% \times (1+\%)^{12}}{((1+\%)^{12}-1)}-6000=$ 808.29（元）	21	解：设每个月还 x 元 $12x = 6000 + \dfrac{6000+6000-x+}{12} \times$ $\dfrac{6000-2x+\cdots+6000-11x}{12} \times 24\%$ $12x = 6000 + \dfrac{72000-66x}{12} \times 24\%$ $x = 558$（元） 总利息： $\dfrac{72000-66 \times 558}{12} \times 24\%$ $=703.44$（元）	11	总利息： $6000 \times 24\% = 1440$（元） 每月还款： $(6000+1440) \div 12$ $=620$（元）	01
	解：设每个月还 x 元，第一个月剩余本金为 S_1，第二个月剩余本金为 S_2 ……第十二个月剩余本金为 S_{12} 则 $S_1 = 6000 \times (1+2\%) - x$ $S_2 = S_1(1+2\%) - x$ $= 6000 \times (1+2\%)^2 - x[1+(1+2\%)]$； …… $S_{12} = S_{11}(1+2\%) - x$ $= 6000 \times (1+2\%)^{12} - x[1+(1+2\%)+(1+2\%)^2+\cdots(1+2\%)^{11}]=0$ 解得 $x =$ $\dfrac{6000 \times 2\% \times (1+2\%)^{12}}{(1+2\%)^{12}-1}$ ≈ 567.36（元） 每月还款约567.36元 1年后付给幸福公司总利息约为 $6000 \times 2\% + S_1 \times 2\% + S_2 \times 2\% + \cdots S_{11} \times 2\% =$ $\dfrac{12 \times 6000 \times 2\% \times (1+2\%)^{12}}{((1+2\%)^{12}-1)}-6000$ ≈ 808.29（元）	22			每月还款： $6000 \div 12 = 500$（元） 总利息： $6000 \times 2\% + 5500 \times 2\% + 5000 \times 2\% + \cdots + 500 \times 2\%$ $= 780$（元）	02

2. 测评结果分析

（1）关于问题 1.

本题作答情况良好，满分率达到 75.0%，说明绝大多数考生对本息和＝本金＋利息的公式很熟悉．其中 7～11 年级学生几乎都用综合算式计算本息和（编码 21），而六、七年级学生部分选择分步列式，按照编码 22 的情况计算．

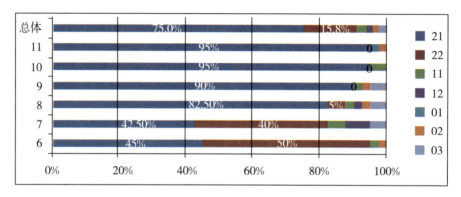

（2）关于问题 2－1.

本题作答情况很不好，满分率仅有 10.83%，11、7、6 年级三个年级得分率较高，整体来看，零分率高达 83.75%，说明学生对公式年利率÷12＝月利率不清楚．

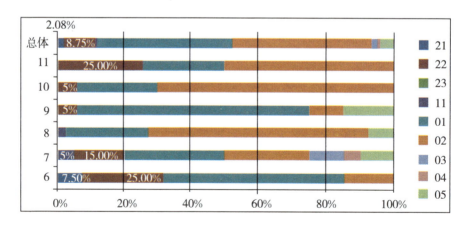

（3）关于问题 2－2.

本题具有良好的鉴别力，考生作答得分情况较为分散，满分率仅为 21.25%，六个年级的抽样试卷中得分率最高的是 7 年级，可见 7 年级开设的财经素养课已初见成效．6～9 四个年级正确解答的学生都采用编码 21 的方式，分别计算出每个月的利息再相加,求出 1 年给幸福公司的利息,高一年级、高二年级的学生因为学习了等差数列、等比数列,则用编码 22 的方式,列综合算式,用等差数列求和公式直接求出 1 年给幸福公司的利息. 从整体来看,31.65% 得分的学生都能正确理解并计算出等额本金中每个月固定偿还的本金,但是对每个月的利息计算不正确.

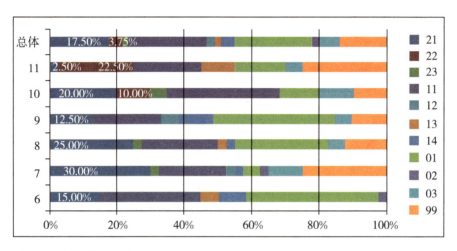

(4)关于问题 2 – 3.

本题作答的 240 个样本中,仅有 1 名高一年级学生正确完成,满分率仅有 0.41%,22.5% 的学生交了空白卷,64.6% 的学生误以为等额本息的意思是每个月归还的本金和利息都是相同的,对等额本息这个概念根本不理解.

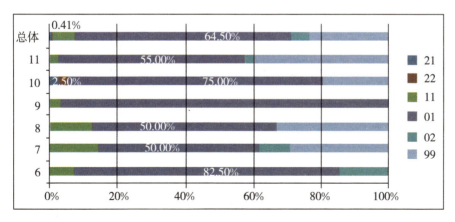

通过问卷调查发现,6 ~ 11 年级的学生对贷款利率相关知识知之甚少,特别是不理解贷款的还款方式. 但是区分度较高的问题 2 – 2,7 年级的得分率却

大大优于其他年级，在六个年级的抽样试卷中得分率最高，可见，自 2018 年 1 月以来，7 年级财经素养课的开设已初见成效，对学生财经素养知识的培养与否，直接影响学生此方面的认知.

三、财经素养教育建议

每个人的知识技能并非与生俱来，必然要经历一个漫长的学习与吸收、认识与提高的过程. 学生的财经素养的培养也是如此，只有通过家长、教师、学校、社会的共同努力，春风化雨、润物无声地引导与渗透，才能切实增强学生对"校园贷"等不法经济行为的鉴别力和免疫力. 课题组建议，提高学生的财经素养从以下几个方面着手.

（一）财经素养教育要从娃娃抓起

目前，世界范围内已有大约 60 个经济体正在实施金融教育的国家战略.《国务院办公厅关于加强金融消费者权益保护工作的指导意见》也明确要求：教育部要将金融知识普及教育纳入国民教育体系，切实提高国民金融素养.《2017 年中国青少年财经素养调研报告》系统地呈现了青少年财商认知的现状、知识与技能的掌握程度，并指出青少年财商方面存在欠缺. 我校课题组对高中、初中、小学三个学段的学生的调查问卷中体现出的问题也如此，而且总得分率没有显著差异，说明财经素养并不是随着年龄和学习能力水平的增长而自然增长的. 低幼年龄段学生的好奇心使他们更愿意也更能够从生活中发现问题、思考问题、解决问题. 高年级的学生因为要考试训练，反而有可能丧失这种敏感性. 占世界总人口只有 0.2% 的犹太人，却诞生了 27% 的诺贝尔奖获得者，原因可能是方方面面的，但其中有一点是，从家庭的层面讲基本上每一个犹太人，从小就接受良好的财经素养教育. 因此，财经素养教育体系越早建立，效果越好，影响越深远.

（二）财经素养教育应该坚持走学科融合之路

财经素养和其他知识不太一样，一个很重要的区别是财经素养是和具体的场景、任务有密切关系的，这就要求学生对知识和技能有非常强的迁移能力，需要与实际情境进行很好的结合. 例如，本文的案例揭秘非法"校园贷"，学生学习了贷款、储蓄以及与贷款行为紧密结合起来的知识、技能还不够，课题组还进行了财经方面相关人格特质的培养，如消费动机、责任感、金钱观等. 其中融合了历史、政治、数学等相关学科的知识，因此，财经素养教育基于学科的融合既高效又长效，产生了"1＋1＞2"的效果．此外，财经素养教育是一个系统工程，功在平时，重在课堂．独立的财经素养课程要有，但大面积推广难度大，成本高，难以深入．学科教学融合之后，财经素养教育有了依托，采用项目式学习，系统地整合财经素养方面的教材，是未来财经素养教育亟待解决的问题．

参考文献

［1］林燕霞，许再佳．关于"校园贷"乱象的背景分析及对策［J］．长春教育学院学报，2017，33（2）：58－60．

［2］颜白鹭．银行贷款、民间借贷与中小企业融资——基于对非上市中小企业调查数据的研究［J］．金融监管研究，2015（5）：63－74．

附件1："校园贷"学习材料

揭秘"校园贷"

——东莞外国语学校2018年寒假历史与数学学科整合作业

"青苗法"是北宋时期著名的王安石变法的重要内容，为了减少民间高利贷对百姓的剥削，官府每年分两次向百姓提供"低息贷款"，请阅读以下材料：

材料一：王安石变法

"今放青苗钱，凡春贷十千，半年之内，便令纳利二千，秋再放十千，至岁终又令纳利二千，则是贷万钱者，不问远近之地，岁令出息四千也．"

翻译：现在发放"青苗钱"，如果是春天贷款10000，半年之内，就要交纳利息2000；（政府收回本息之后）到了秋天，政府又放贷10000，到了年末的时候，又要交纳利息2000；这样一来，一年贷款10000，不论远近，一年就要交纳利息4000．

近两年来，校园消费金融蓬勃发展，与之相对的"校园贷"负面新闻层出不穷，悲剧频发．请阅读以下材料：

材料二：××贷官网费率

申请借款10000元，分期12个月偿还，每月偿还本金加利息共932.33元．

——整理自网络

请同学们上网查阅相关知识，回答问题：

1. 材料中政府提供给百姓的"低息贷款"，年利率是多少？（提示：北宋官府在一年中实际向农民发放了两次贷款，每半年回收一次本金加利息．）（请写出详细的计算过程）

2. 根据××贷官网费率，××贷提供的校园消费贷款年利率是多少？（请写出详细的计算过程）．

3. 请上网搜索"等额本息月还款计算器"，输入贷款总额 10000 元、贷款年限 1 年及你计算出来的××贷年利率，验证一下你计算的贷款年利率是否正确．如果不正确，请你调试"等额本息月还款计算器"中年利率的数值，使计算器下方的月还款额接近 932.33 元，从而得出××贷的实际年利率大约是多少．

4. 上网查询各大银行的贷款年利率，列举其中消费类贷款利息最高的一家银行名称、贷款产品名称、消费贷款实际年利率．

5. 某同学沉迷网络游戏，准备贷款用于购买游戏装备，请计算如果贷款 10 万元，为期一年，在××贷平台贷款需要支付的利息与在正规的银行贷款需要支付的利息之间相差多少？（请写出详细的计算过程）

附件 2：调查问卷

关于利率与利息的小测试

亲爱的同学：

1. 你的性别是（　　）．A. 男生，B. 女生

2. 你现在读＿＿＿＿＿＿年级．

3. 你的父母从事金融保险类工作的情况是（　　）．

A. 都不从事　　　　B. 有 1 人从事　　　C. 有 2 人从事

我们想知道中小学生对利率与利息知识的了解情况，请完成下面四道试题，作答时间为 30 分钟．你需要独立完成，你的所有作答都将保密．

谢谢你的配合！

东莞外国语学校财经素养教育研究课题组

2018 年 4 月

东莞外国语学校的张晓宇同学在今年春节收到来自父母和亲戚送的压岁钱或红包共计 4000 元．张晓宇同学准备把这笔钱存入东莞银行，东莞银行的活期存款、定期存款年利率见表 5.

表5 存款年利率表

活期存款	整存整取定期存款（%）					
（%）	三个月	半年	一年	二年	三年	五年
0.3	1.32	1.43	2.05	2.52	3.025	3.25

问题1：张晓宇采用整存整取的方式将4000元存入东莞银行1年. 1年后，张晓宇可以从东莞银行取出多少钱？请写出计算过程.（你可以使用计算器）

问题2：由于学习需要，张晓宇准备买一台苹果电脑，他看中的苹果电脑价格是10000元. 张晓宇把在东莞银行存了2个月的4000元取了出来，并准备向幸福公司贷款6000元，贷款年利率为24%，分12个月还清.

问题2-1：请问：张晓宇取出在东莞银行存了2个月的4000元时，共获得多少利息？请写出计算过程.（你可以使用计算器）

问题2-2：张晓宇若选择每月还款本金固定（一个月还款额是贷款本金按还款的总月数均分（等额本金），再加上上期剩余本金的月利息），请问：他1年后共须付给幸福公司多少利息？请写出计算过程.（你可以使用计算器）

问题2-3：张晓宇若选择每月还款本息和固定（每个月还款总额相同），请问：他每月的还款金额应是多少？1年后付给幸福公司的总利息是多少？请写出计算过程.（你可以使用计算器）

基于信息技术的初中数学课程整合实践研究

——以项目式学习"压岁钱如何理财"为例

东莞外国语学校　　汪丽丽

目前学校的课程设置以学科课程为主，学科课程体系清晰，按照学生的年龄特征和理解水平由易到难螺旋式上升，其也存在诸多不足．例如，学科之间没有沟通，对于相同的主题，学生"只见树木不见森林"．但是现实问题却是多元的、横向延伸的，甚至是跨国界的．在经济全球化的今天，更加需要具有很强的综合实践能力和创新思维能力，具有国际视野、民族根基的高素质复合型人才．基于此，笔者在初中数学教育教学中大胆尝试，基于现代信息技术，整合初中数学课程进行项目式学习实践研究．

一、基于信息技术的初中数学课程整合的意义

随着信息时代的到来，运用现代信息技术进行信息的收集、分析、处理、应用、传播已经成为现代人的一种基本能力．现代信息技术飞速发展，改变着现代人的生活方式，也必然会改变学校以往传统的教学方式．教育部发布的《2018年教育信息化工作要点》指出，要深化信息技术与教育教学融合，推动教师主动适应信息化、人工智能等新技术变革．但是目前初中数学使用的国家教材却还是停留在七年以前，开发适应学生发展的初中数学整合课程是当前亟待解决的问题．整合课程，课内与课外有机结合，知识教育与信息技术有机结合，发挥信息技术的优势，为学生的学习和发展提供丰富多彩的教育环境和强有力的学习工具，以此提升学生的综合实践能力和创新意识，运用信息技术手段进行综合知识探究式学习，提升学生解决问题的意识等．

二、基于信息技术的初中数学课程整合实践

课程整合的过程好比学生拼拼图的过程，每一块拼图好比一个知识体系，要完成完整的拼图，每个拼图缺一不可，因此基于信息技术的课程整合需要按照学生的需求，聚焦初中数学课程标准，贯彻执行国家的教育政策，以项目式学习的方式设计整合课程．

（一）基于信息技术的初中数学课程整合模式探究

基于信息技术的初中数学项目式学习，学生不是被动接受任务，教师也不仅仅是传授者，教师、所有学生都参与整合课程的设计、实施、评价过程，师生是一个真正的"学习型社群"，具体探究模式流程见表1．

表1　基于信息技术的初中数学课程整合模式师生互动行为表

研究步骤	教师指导活动	学生实施活动
设计问题	教师调查学生在与初中数学有关的领域，涉及人文、自然、社会等方面最感兴趣的问题，如为什么"校园贷"1万元的贷款到期没有偿还，1年后还款额竟然高达1.3万元？压岁钱如何理财？等等	广泛阅读，了解人文、自然、社会等热门现象，与教师一起进行问题调查
确定主题	教师通过科普讲座、案例分析等途径，引导学生发现一系列问题、确定一系列主题，学生从一系列主题中选取自己最喜欢、最擅长的主题进行研究，从而产生内驱力	做好研究准备，选定研究主题，思考问题，产生问题驱动，思考实施的可能性
开展研究	介绍研究方法、指导学生分工、预测研究中可能存在的问题，与学生共同探讨研究中出现的问题，基于信息技术，对大数据进行详细的分析等	分工合作，广泛收集相关信息、操作、实践、及时拍摄研究过程、记录研究的中体验、数据，并基于信息技术，对大数据进行详细的分析等

研究步骤	教师指导活动	学生实施活动
评价展示	引导小组运用统计图、调查报告等对小组成果进行展示，归纳总结；制定评价标准，包括学生参与的态度，分析问题、解决问题的能力；教师评价、小组评价	运用PPT展示实践中的成果，基于信息技术，运用图表、数据分析软件等进行展示交流，用数学思想方法诠释生活中的现象，与教师共同制定评价体系，参与小组评价
迭代升级	整理成果，介绍撰写研究论文、报告的方法，示范优秀学生作品，使学生完善自己的作品，并给予一定的建议	学生在讨论分析的基础上再次完善成果，迭代升级，动手完成精品小制作，撰写小论文、研究报告等，并与教师交流，修改完善

（二）基于信息技术的初中数学课程整合实施案例

利润、利息等价格问题是初中生掌握较差的知识点，在学习的过程中学生缺乏生活经验，为此，我校初中数学科组整合中小学相关知识，组织学生进行项目式学习：从学生身边熟悉的压岁钱谈起，基于信息技术，制作压岁钱理财小计划，使课程不再囿于校园，而是与现实生活和经验紧密地结合在一起，使信息技术与学科教学不再割裂，以此弥补初中数学课程的不足，从而促进学生动手操作能力、实践探究能力和创新思维的发展．

案例：压岁钱如何理财

活动一：设计问题

数学教师利用"趣味数学"课播放压岁钱的相关视频，师生共同讨论，进行问题设计．

活动二：确定主题

提出问题：针对"压岁钱如何理财"这一问题，你怎样进行研究呢？

教师通过专题讲座分析，任务驱动，确定主题．

××学校的张晓宇同学在今年春节收到来自父母和亲戚送的压岁钱或红包共计4000元．张晓宇同学准备把这笔钱存入东莞银行，东莞银行的活期存款、定期存款年利率见表2．

表2　存款年利率表　　　　　　　　（单位:%）

活期存款	整存整取定期存款					
	三个月	半年	一年	二年	三年	五年
0.3	1.32	1.43	2.05	2.52	3.025	3.25

问题1：张晓宇将4000元存入东莞银行1年.1年后，张晓宇可以从东莞银行取出多少钱？整存整取定期的方式和活期存款的方式利息各是多少？请写出计算过程.（你可以使用计算器）

问题2：张晓宇到银行办理存款业务时，银行业务员给他推荐理财产品，见表3.

表3　理财产品

项目	年化利率	投资期间	起购本金
理财产品	4.3%	366天	5万元

张晓宇打算和妈妈一起购买理财产品，他出4000元，妈妈出4.6万元，合计5万元.问期满后，张晓宇按比例获得多少利息？

问题3：由于体育锻炼需要，张晓宇准备购买一双跑步鞋，他看中的耐克跑鞋价格为400元.然后又购买了一个新的书包以及新学期的学习资料，如笔记本、签字笔、2B铅笔等，一共花去300元.剩下的钱，张晓宇决定上交给妈妈去购买某少年分红保险，其条款如下：

每年保费：20574元，缴费10年，有效期30年.

基本保险利益：

·成长关爱金

被保险人从第五个保单周年日开始生存，每年领取1500元.

·教育关爱金

被保险人15至24周岁保单周年日生存，每年领取15000元.

·学业有成金

被保险人生存至18周岁、21周岁、24周岁保单周年日，每年领取15000元.

·成家立业金

被保险人生存至30周岁保单周年日，一次性领取50000元.

·身故保险金

被保险人身故，我们返还所交保费和现金价值较大者．

制作你自己的压岁钱理财小计划：

（1）请问今年缴保费时，张晓宇妈妈还要出多少钱？

（2）缴费10年，保险的保费总额是多少？

（3）请完成下列收益表（表4），计算保险到期后，人健在，总共可获得多少保险金？

表4　收益表

款项	成长关爱金	教育关爱金	学业有成金	成家立业金	身故保险金
数额	1500 元/年	15000 元/年	15000 元/年	50000 元	222240 元
次数	26	10	3	1	0

（4）请计算这30年期间的平均年利率．

通过专题讲座，教师引导学生对比发现一系列压岁钱理财方式问题，学生根据自己的特点、擅长领域、家庭背景等从一系列压岁钱理财方式中选取自己最喜欢、最擅长的主题方向进行研究，从而产生内驱力．在确定主题的过程中，数学教师引导学生去除以下两个方面的选题：

（1）去除短时间就能迅速解决的选题．

（2）去除难度太大，中学生暂时无法解决的选题．

活动三：开展研究

（1）学生根据自己确定的主题、擅长领域自由组队，确定队长，取好组名，初步讨论人员分工、活动的形式．

（2）细化研究内容，制订研究计划．

【要求】制作一份你的压岁钱使用计划，包括以下几个问题：

① 今年你的压岁钱大概有多少？

② 你打算如何使用？

③ 你了解到哪些投资理财方式？如何选择？

④ 请你计算你的理财的收益，得出较好的方案．

在学生开展研究的过程中，教师给予适度的指导——指导学生研究压岁钱理财的方法、指导学生分工、预测研究中可能存在的问题，与学生共同探讨研究中可能出现的问题，基于信息技术，对大数据进行详尽分析等．学生在调查研究的过程中分工合作，广泛收集相关信息，操作实践，及时拍摄研究过程，记录研究中的体验、数据．

活动四：评价展示

小组汇报交流活动方案，进行方案论证，其他小组成员评价并提出宝贵意见．学生基于信息技术，对大数据进行收集、分析、处理、应用，制作条形图、扇形统计图、折线图、散点图等，并把自己的观点在全班进行传播．

项目式学习学生小组展示评价量表见表 5.

表 5　项目式学习学生小组展示评价量表

班级：_____　小组：_____　课题：_____　日期：_____

评 估 指 标		满分值	自评 得分	组评 得分	师评 得分
汇报态度 （20%）	准备充分，仪态端庄，汇报有激情，语言精练生动，有互动	20			
汇报目标、 内容 （30%）	准确把握本组所选主题的知识内容，调查研究联系实际，基于信息技术，数据收集真实有效，注重知识性、趣味性；内容完整，详略得当，合理有效地分配汇报时间	30			
汇报方法、 手段 （30%）	汇报内容合理，步骤清晰，衔接自然，图表、PPT 制作精美，基于信息技术制作图表，分析、处理、应用能力强，并能熟练运用现代化手段，提高汇报效率，汇报手段的运用科学、简便、实用、有效	30			
汇报效果 （20%）	基本实现汇报目标，学生学习主动积极，情绪饱满热情，达到研究主题的目的	20			
小计		100			

活动五：迭代升级

小组展示完毕后，进行成果整理，教师指导、介绍学生撰写研究论文、报告的方法，示范优秀学生作品，学生在教师的指导下，小组研究讨论，再次完善自己的主题，并进行迭代升级，撰写研究小论文、研究报告，对研究成果进行创意固化.（学生小论文作品详见附件）

三、基于信息技术的初中数学课程整合反思

基于信息技术的初中数学整合教育我校已经探索尝试近两年了，通过项目式的学习研究方式，在项目研究分工合作的过程中，培养学生独立思考、质疑反思的理性精神和一丝不苟的数学态度；在交流讨论时，提升学生的合作交流能力，用数学思维去思考、用数学语言去表达的能力.研究对指导教师的要求

也更加严格，指导教师必须在学生确定主题前对问题进行详细的研究，对学生提出的主题进行预设，并给予优化和大胆取舍，对学生存在的问题给予适时的指导和规划．研究活动结束后，一定要进行成果整理和迭代升级，基于信息技术，可用小论文、图表、模型、实物、调查报告、实验报告、图片、心得体会、展板等不同形式展示，不拘一格，提炼升华，成果固化．

参考文献

[1] 中华人民共和国教育部．义务教育数学课程标准（2011 年版）［M］．北京：北京师范大学出版社，2012.

[2] 万伟．课程的力量［M］．上海：华东师范大学出版社，2017.

[3] 董诞黎．课程整合：课堂教学新变局［M］．杭州：浙江大学出版社，2011.

[4] 陈勇，李莉，谢利民．信息技术在学科教学中的应用［M］．北京：北京大学出版社，2011.

附件：

压岁钱理财小计划

701 袁琳　指导老师　叶冠佟

在每一年的春节，我最开心的事就是收到父母长辈给的大红包，因为可以买很多新衣服和零食．今年春节，我一共收到了 3 万元压岁钱．为了让压岁钱使用得更有意义，我做了一个理财小计划．

压岁钱理财小计划

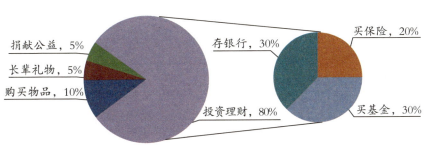

捐献公益，5%　长辈礼物，5%　购买物品，10%　投资理财，80%　存银行，30%　买保险，20%　买基金，30%

一、购买喜欢的物品

我会从压岁钱中拿出 10%，3000 元，买自己喜欢的东西．我最喜欢看漫画书，曾经看到一套特别喜欢的漫画书，但因为价格太贵，所以一直没舍得买．现在有了压岁钱，我终于可以买到自己心爱的漫画书啦！我还会用这笔钱买其他自己喜欢的书籍，因为阅读可以开阔我们的视野，增长我们的知识．除此之外，我还会购买日常学习中用到的文具用品，如笔记本、笔……还有玩具、零食等．

二、购买礼物送给长辈

我会从压岁钱中拿出 5%，1500 元，买礼物送给长辈．长辈们给我压岁钱，包含着长辈对我的关切之情和真切祝福．反过来，作为晚辈，孝顺长辈也是我们应该做的．我从压岁钱中拿出 1500 元，用作礼物储备金，在长辈生日的时候为他们买一些贴心小礼物，送上祝福．

三、捐款做公益事业

我还会从压岁钱中拿出 5%，1500 元，捐款做公益事业．在东莞，大家都过得比较富裕，但是在一些贫穷的地方，还有许多小朋友没钱上学，有些学校现在还没有电脑．所以我会从压岁钱中拿出 1500 元，捐款帮助那些贫穷地区的小朋友．虽然我捐不了多少钱，但我相信积少成多，众人拾柴火焰高，只要大家一起捐，人人都出一份力，为社会贡献出自己的一份爱心，我们的世界将会变得更加美好．

四、做理财让钱"生钱"

最后，我会把压岁钱中剩下的 80%，24000 元，全部都用来理财．如果我们不理财，物价上涨了，那我们的钱就会贬值．所以，理财是让钱增值的最好方法．具体理财的方式有很多种，我一般会选择一些操作简便、风险较低的理财方式．投资理财收益情况表见表 6.

表 6　投资理财收益情况表

理财方式	产品名称	理财金额（元）	年化利率（%）	理财收益（元/年）
存银行	东莞银行五年定期	9000	3.25	292.50
买保险	国寿美满一生年金保险（分红险）	6000	2.00	120.00
买基金	平安日增利货币	9000	2.95	265.50
合计	—	24000	—	678

1. 存银行

把钱存进银行是最保险的一种理财方式，我会把30%的压岁钱，9000元，存到银行．据我了解，东莞银行的五年期定期存款利率是3.25%，比工商银行、建设银行、农业银行、交通银行、中国银行和招商银行的利率（2.75%）（表7）都要高．

表7 银行存款利率情况表 （单位:%）

银行名称	活期存款	定期存款（整存整取）					
		三个月	半年	一年	二年	三年	五年
东莞银行	0.3	1.32	1.43	2.05	2.52	3.025	3.25
工商银行	0.3	1.35	1.55	1.75	2.25	2.75	2.75
建设银行	0.3	1.35	1.55	1.75	2.25	2.75	2.75
农业银行	0.3	1.35	1.55	1.75	2.25	2.75	2.75
中国银行	0.3	1.35	1.55	1.75	2.25	2.75	2.75
招商银行	0.4	1.35	1.55	1.75	2.25	2.75	2.75

注：数据来源于网站 https：//bank. cngold. org/yhckll/list_ 24 - 27. html.

所以，为了使投资收益回报最大化，我把9000元存五年定期到东莞银行，按年化利率3.25%计算，存一年，就有292.5元利息（9000×3.25% =292.5）．

2. 买保险

生活中总会发生一些意外，为了更好地保障生活，我会拿出部分钱买保险．平时，保险费都是妈妈给我缴的，今年我会从压岁钱中拿出20%，6000元缴保费．保险的利率虽然相对银行存款低，但保险是对我们生活最基础的保障，谁知道明天会发生什么呢？

妈妈给我买的一款保险是国寿美满一生年金保险，属于分红险，每年的分红收益大概是2%，我用6000元买保险，一年的收益是120元（6000×2% =120）．

3. 买基金

最后，我会把剩下30%的压岁钱，9000元，用来买基金．基金有很多种，我选择风险最低的货币基金．通过微信、支付宝购买，买货币基金很方便，我选择微信理财通的平安日增利货币基金，最近的年化收益率是2.95%，比微信的零钱通（2.82%）、支付宝的余额宝（2.44%）收益略高.9000 元，存一年，收益是 265.5 元（$9000 \times 2.95\% = 265.5$）.

总体来看，存银行是风险最低的理财方式，但存款期限长，不灵活；保险是收益最低的理财方式，但是保障了生活，以防不测；基金存取较为灵活，收益也相对不错.今年的压岁钱，除去购物、捐款外，我会分散投资理财，这样不仅可以获得利息，还能为将来的学习与生活费用提前做好准备.

初中数学渗透财经素养教育的实践探索

——以《中美贸易大家谈》项目式学习为例

东莞外国语学校　李燕华

　　我校财经素养课题组是由语文科组、数学科组、政治科组、历史科组、物理科组五个科组老师组成，本文以《中美贸易大家谈》项目式学习为例，研究初中数学课堂开展财经素养教育的意义、初中数学课堂开展财经素养教育实践案例、个人反思，着眼于实践，探索初中数学课堂开展财经素养教育的可行性与应用价值.

一、初中数学课堂开展财经素养教育的意义

　　财经素养是每个人必备的基本素养，近年来逐渐受到学校和家长的重视.数学是一种用来分析、处理问题的工具，要求教师做生活的有心人，结合财经知识、案例、时事热点，将财经素养教育融入初中数学课堂，帮助学生建立相关的数学思维，从而使学生能够对生活中的实际问题进行分析、推理与判断等.因此，笔者认为，在校本课程"逻辑数学"课上开展财经素养教育非常有必要.

二、初中数学课堂开展财经素养教育实践案例

活动一：初中数学财经素养任务单设计

　　首先，教师带着学生回顾财经素养暑假作业（欢喜冤家：纠结的"贸易顺差"与"贸易逆差"）.

　　自2018年以来，美国前总统特朗普频施"辣手"，主动挑起中美贸易摩擦，

其直接目的在于以中美贸易严重失衡为借口迫使中国进一步对美国开放市场，深层次目的在于试图重演 20 世纪 80 年代美日贸易战以遏制中国复兴，同时为 11 月美国国会中期选举拉票．

对外贸易不仅能使各个国家和民族的劳动产品在世界范围内顺利实现交换，还可以使不同经济发展水平的国家和地区之间形成紧密的合作，节约社会劳动，使各国的资源得到最充分的利用．

贸易差额（Balance of Trade）是指一定时期内一国出口总额与进口总额之间的差额（贸易差额＝出口总额－进口总额），用等式模型、不等式模型表明一国对外贸易的收支状况．

当出口总额＝进口总额时，称为"贸易平衡"；当出口总额＞进口总额时，称为"贸易顺差"；当出口总额＜进口总额时，称为"贸易逆差"．比如：

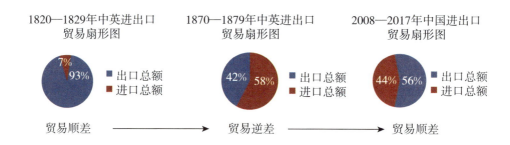

然后，教师播放短视频，短视频内容主要以中美贸易摩擦的产生背景、发展阶段、现在的主要状况、中国采取的主要应对措施为主，简单介绍贸易摩擦的背景知识，为新课的内容烘托氛围，从而达到吸引学生关注本节课内容的目的．

活动二：探讨分析任务单

中美贸易摩擦是指发生在中国和美国之间的商业战争．2018 年 3 月 22 日，美国时任总统特朗普开始对外宣称对中国产品加征关税，次日中国也出台了应对措施．自 2018 年以来（截至 2019 年 4 月 1 日），为应对美国对中国的产品加征关税措施，国务院关税税则委员会先后发布了三次对原产于美国的商品加征关税措施的公告、两次对原产于美国的商品暂停加征关税措施的公告，现用统计的相关知识对上述关税措施进行梳理，并列表，见表 1、表 2.

表1　三次对原产于美国商品加征关税措施列表

公告	商品项目数	涉及的商品	涉及的商品总价值 （亿美元）	实施时间
2018年5号公告	545项	农产品、汽车和水产品等	约340	2018年7月6日
2018年7号公告	333项	矿产品、纺织品、贱金属和汽车等	约160	2018年8月23日
2018年8号公告	5207个税目	范围广	约600	2018年9月24日

表2　两次对原产于美国商品暂停加征关税措施列表

公告	内容	实施时间
2018年10号公告	对2018年5号公告中的28个税目商品暂停加征25%的关税	自2019年1月1日起至2019年3月31日止
	对2018年7号公告中的116个税目商品暂停加征25%的关税	
	对2018年8号公告中的67个税目商品暂停加征5%的关税	
2019年1号公告	继续按2018年10号公告暂停加征相应的关税	自2019年4月1日起，截止时间另行通知

　　一般来讲，在日常生活中购买的产品会因为中美贸易摩擦的影响，价格上调至少25%．比如一辆雅马哈的摩托车，原价10000元，但是可能因为美国加征关税，买到手的价格将达到12500元，整整贵了2500元．这个价格涨幅相当大，所以在日常生活中，购买产品时一定要注意个别商品的高幅涨价，避免不必要的经济损失．

　　活动三：小组讨论掀起头脑风暴

　　基于暑假期间每个学生都有收集相关资料并写成小论文的情况，笔者以"中美贸易摩擦对生活的影响"为题，采用小组讨论交流的形式，派代表发言，这样能更好地锻炼学生的逻辑思维、语言表达能力、合作意识等．学生可以根据自身的情况，以举例子的形式阐述中美贸易摩擦对生活的影响，如中美贸易摩擦影响了超市商品的价格，零花钱购买力下降，进而培养学生的财经素养．

活动四：《中美贸易大家谈》学生成果分享

A 组：商人眼中的中美贸易摩擦

美国对中国实施了科技方面的禁止出口，进行技术封锁，对工业制成品加征关税，对中国的企业有一定的影响，但这样的行为对美国本土企业也有不利之处．因此，美国本土的商人对此有自己的看法，并在听证会上提出了意见．

罗斯·毕晓普（旅行箱公司老总）："我们的产品都在中国加工，中国工人的手艺非常好，如果你选对了工厂，中国人干起活来就像是艺术家．如果我们把一线工人一起排个名次的话，我可以告诉你第一名到第五名都是中国人，其他地方的工人根本没法比．"

马格维奇斯（美国自行车产品供应商协会董事会主席）："我们每年从中国进口 1500 万辆自行车，占了美国同类商品进口的 94%，交易额超过了 11 亿美元，同时，美国每年向中国购买价值 4000 万美元的自行车零部件，如果美国关税政策真的落地的话，那么短时间内不可能找到合格的代替工厂，这对我们行业将会是灭顶之灾．"

马特森（生产真皮家居）："我去过上海、海宁、深圳，那里的人们工作勤奋，很多高级家具都来自中国，其他国家生产不出来，而且中国已经形成了'产业链'，并且非常成熟，从原材料到成品'一站式'提供，不需要跨国，而且其海陆空运十分强大，政府政策十分稳定，而其他国家在短时间内无法建立起来．"

根据听证会最后两天的统计，先后一共有 80 多位美国代表发言，但赞成加征关税的只有 5%．贸易摩擦为美国商家带来了许多烦恼，也给中国商家带来了危机．

中兴通讯股份有限公司（以下简称"中兴"）成立于 1985 年，在香港和深圳两地上市，是中国最大的通信设备上市公司．中兴将来自美国知名科技公司价值数百万美元的硬件和软件提供给伊朗最大的电信运营商伊朗电信，违反了美国的禁令．2018 年 4 月 16 日晚，美国商务部发布公告称，除非中兴缴纳 14 亿美元（当时美元对人民币的汇率为 6.4，即 14 亿美元×6.4 = 89.6 亿元人民币）罚款给美国，否则美国政府在未来 7 年内将禁止中兴向美国企业购买高新技术产品（如芯片）．截至 2018 年 7 月 12 日，中兴向美国支付了巨额罚款，更换董事会成员，美国商务部才解除了对中兴的出口禁售令．中兴事件之后，马云迅速站了出来，在万众瞩目的情况下，阿里宣布全资收购中国大陆唯一的自主嵌入式 CPU 研发设计公司杭州中天微系统有限公司．中国想在高新技术上占有一席之位，就需要靠自己研发和自力更生！

B 组：美国豆农忧心忡忡之谜

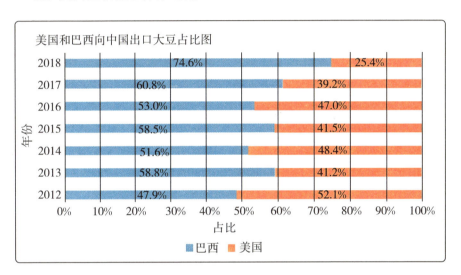

美国和巴西向中国出口大豆占比图

由上图可知，2012 年巴西向中国出口大豆量占巴美向中国出口大豆总量的 47.9%，美国向中国出口大豆量占巴美向中国出口大豆总量的 52.1%．时隔 6 年，2018 年巴西向中国出口大豆量达到了惊人的 74.6%，美国却只占到了 25.4%．按照此种情况，即使中国没有美国这个市场，但还有巴西等市场，2019 年中国向巴西进口大豆的总量占比远远高于美国．

经贸摩擦开始后，大豆价格一路暴跌，美国政府决定拿出 120 亿美元补贴农业．有关数据显示，每亩农田的补贴大约 14 美元，每亩农田的损失大约 100 美元，即每亩农田亏损了 86 美元．美国受到影响的农田一共有多少亿亩呢？一共亏损多少人民币呢？

$$受到影响的农田的亩数 = \frac{美国总补助资金 120 亿美元}{每亩农田补助的资金 14 美元} \approx 8.57（亿亩）$$

一共亏损的钱数 $= 8.57$ 亿亩 $\times 86 = 737.02$ 亿美元 ≈ 4947（亿元人民币）

由此可见，损失了那么多钱，怎能不让美国豆农忧心忡忡呢？农民要的不是钱，而是市场！只有开放才能使不同国家相互受益、共同繁荣、持久发展，才是各国应当做出的明智选择．

三、个人反思

第一，介绍贸易差额时，类比旧知识用作差法求差额，用等式模型、不等式模型表明一国对外贸易的收支状况：当出口总额－进口总额＝0时，为贸易平衡；当出口总额－进口总额＞0时，为贸易顺差；当出口总额－进口总额＜0时，为贸易逆差．通过类比，可以发现新旧知识的相同点和不同点，有助于学生利用已有知识去认识新知识和加深理解新知识．

第二，为应对美国对中国的产品加征关税措施，以表格的形式对公告、商品项目数、涉及的商品、涉及的商品总价值、实施时间进行梳理，有助于培养学生思维的逻辑性、条理性．

第三，通过占比图分析2012—2018年美国和巴西向中国出口大豆量占巴美向中国出口总大豆量的情况．在占比图中，同时使用数据标识可以使数据之间的比例关系更加一目了然．

总之，通过课前搜查资料、观看视频、分组合作、成果展示的方式对"中美贸易大家谈"进行项目式学习，结合数学模型、财经知识、时事热点，依托初中数学校本课程"逻辑数学"课，对学生进行了时事背景下的财经素养教育，帮助学生建立了相关的数学思维，使学生能够对生活中的实际问题进行分析、推理与判断，帮助学生更好地成长与发展．财经素养的培养是一个长期的、不断变化的过程，作为教师，要立足于教学实践探索，对教学内容与教学形式进行创新研究，更好地为学校财经素养课题建设贡献自己的绵薄之力．

参考文献

[1] 张建城．新时代高中生财经素养培育探析 [J]．中学政治教学参考，2018 (12)：14 – 15.

[2] 杨煜琦．中学生财经素养调查和分析 [J]．经济师，2018 (11)：240 – 241.

[3] 白振宇．培养学生财经素养的愿景与实践 [J]．教育实践与研究：中学版 (B)，2018 (9)：14 – 18.

［4］万飞．初中财经素养教育的实践思考——以广东省东莞市松山湖实验中学为例［J］．课程教学研究，2018（8）：88－92.

［5］陶莹，刘云滔．便捷支付面前，中学生的财经素养准备好了吗［J］．人民教育，2017（10）：51－54.

［6］熊若超．中学生财经素养与行为调查［J］．金融经济：下半月，2017（3）：168－169.

跨学科整合的实践探究

——以《揭秘"校园贷"》为例

东莞外国语学校　陈文慧

一、研究背景简述

中学数学核心素养是当下教育教学研究的一个热点问题，中学数学核心素养的"六核"指的是数学抽象、逻辑推理、数学建模、运算能力、直观想象和数据分析．这与《义务教育数学课程标准（2011 年版）》提到的适应时代发展和人才需要的十大能力与意识有着共同的要求．其中，数感、符号意识、数据分析观念、运算能力、模型思想和应用意识都是"综合与实践"板块的重要内容，但在一线教学中，一些教师却经常忽视"综合与实践"板块，其实这些核心素养与能力都能在"综合与实践"板块的教学中得到一定的锻炼与提高．因此，笔者依托校本课程，结合社会热点问题，尝试在课堂上开展揭秘"校园贷"的《贷贷平安》的教学，在结合课标与教学理论的前提下开展教育教学实践，旨在投石问路，抛砖引玉．

以下笔者将对校本课程——"趣味数学"的《贷贷平安》进行简述．

二、"揭秘'校园贷'"实践案例

（一）活动目的

（1）通过数学计算，初步了解了贷款利率的计算方法与存款利率的计算方法不同，意识到贷款利率的计算较为复杂．

（2）通过比较不同的贷款方式，认识"校园贷"实质是一种利率较高的贷款．明确如果不能如期归还贷款本金，利息将呈指数级增长，从而增强防范信贷风险的意识．

（3）体会合理使用贷款这一工具的重要性，初步识别不规范的贷款方式中可能隐藏的金融陷阱．体会量入为出、合理消费的重要性．

活动目标确定的依据如下：随着时代的变迁，各类经济产品层出不穷，社会个体面对的金融环境日益复杂．近年来，屡屡发生的大学"校园贷"、裸贷、电信诈骗、传销等案件，其实就是青少年缺乏必备的财经素养而引起的．为了让初中生初步了解短期贷款利率的含义及不同贷款方式的特点，提高防范金融风险的意识，本次研究性学习活动将主题设定为与学生生活密切相关的"揭秘'校园贷'"．活动围绕《中国财经素养教育标准框架》初中部分的维度二"储蓄与投资"中结构一"货币与利率"和结构二"储蓄与信贷"而设计．考虑到贷款的利率数学计算，虽然对初一的学生来说较为复杂，但是"校园贷"、裸贷等问题出现的原因不仅是财经知识的缺失，也往往与人的思维方式及财经道德的缺失有关，而思维方式的培养与价值观的形成不是一蹴而就的．正如北大教授岳昌君所言，"从教育角度来讲，孩子成长是分阶段的：在孩子 12 岁之前，我们要教育他们什么是对，什么是错；在孩子 12 岁之后，我们要教会他们怎样做出选择，引导他们独立做出正确的选择，取得效益最大化．这正是财经素养教育中蕴含的思维方式"．教育有时效性，要把握有利的时机．基于此，学校确定了如上活动内容及目标．

（二）活动设计

1. 寒假学生自主学习的设计

以《揭秘"校园贷"——东莞外国语学校 2018 年寒假财经素养研究性学习活动任务单》为抓手，通过项目式学习的方式，向学生普及"校园贷"的相关知识．

项目式学习设计了两个情境：首先向学生展示一段历史材料，主要内容涉及北宋时期王安石变法中的一项措施"青苗法"，给学生提出的问题是：官府提供的贷款年利率是多少？这一段材料问题设置情境的方式是历史学科的，解决问题则需要用到数学学科的知识与方法．正确的答案是年利率为 40%，这么高的年利率，为何在当时还被称为"低息贷款"？在此设计了第一个悬念．

由此，课题组教师用一个真实的历史故事，拉开了学生对贷款利息关注和了解的序幕. 接着, 教师设置了另一个现实生活中的情境: 向学生展示一个网络平台的"校园贷"产品, 贷款 1 万元, 分 12 个月偿还, 每个月还本付息 932.33 元.

第一个问题是这个校园消费贷款的年利率是多少? 估计绝大部分的学生按自己的想法计算得到的答案是 11.896%, 这正是教师设置的圈套.

第二个问题要求学生用网上的贷款计算器, 调试相关的数值, 发现原来贷款 1 万元, 1 年后总共还本付息 11187.96 元, 计算器显示的贷款年利率大约是 21.248%. 为什么两种算法会有这么大的差距呢? 这就形成了学生的第二个认知冲突. 此问题的设计意图重点不在于数学知识及技能的获得, 而是重在让学生在认知冲突中体会利率计算的复杂性, 引起学生对信贷问题的重视.

第三个问题要求学生调查正规商业银行普通贷款产品的年利率是多少.

第四个问题要求学生通过计算, 同样是贷款 10 万元 (源自东莞早年某校高中生借款赌球、买游戏装备的真实案例), 比较在"校园贷"平台贷款和正规银行贷款最后需要付出的利息相差多少. 此问题设计的目的是引导学生通过计算, 发现"校园贷"贷款付出的利息比正规银行贷款的利息要高出许多.

第五个问题是在此基础上引导学生思考"你有贷款购买商品的需求时, 是否会选择贷款? 如果选择贷款, 你会选择××贷官网提供的'校园贷'还是银行的消费贷款? 你决策的理由是什么?"意在培养学生思辨能力的同时, 让学生体会量入为出、合理消费的重要性.

第六个问题要求学生在计算及调查的基础上撰写小论文.

2. 课堂教学环节的设计

开学后, 项目组将这个项目继续推向深入, 利用数学校本必修课程, 通过类似问题的设计、情境的创设, 带领学生一起揭秘寒假学习活动中学生产生的两个困惑.

(三) 活动准备

(1) 组建跨学科教师团队, 确定分工与合作计划. 在研究性学习活动开展前期, 项目组召集校内数学科组与历史科组的骨干教师, 多次开会商讨研究性学习活动的内容设计, 采取总分总的工作流程, 集思广益, 确定了研究性学习活动的具体内容和各环节的负责人.

(2) 设计《揭秘"校园贷"——东莞外国语学校 2018 年寒假财经素养研

究性学习活动任务单》.

（四）活动情境

（1）寒假期间，在任务的驱动下，学生通过实地考察、访问调研、家庭讨论、网络研讨等方式，广泛接触与"校园贷"相关的信息，并撰写小论文.

（2）成果展示与评比：开学之后，各班进行了分享与交流；课题组的教师组织了评比，两个年级各评出一、二、三等奖若干名；挑选部分优秀学生作品，发布在学校微信公众号上.

（3）深化与提升：揭秘算理，推进财经素养教育.

在学生以为自己找到正确答案的时候，教师通过数学课堂引领大家进行正确的财经分析，从而找到事实的真相.

数学课的主题仍然是"校园贷"，课题组教师首先界定了"校园贷"的定义，即主要贷款对象是学生，数额较低，期限较短，手续简便，无须抵押，大多通过网络平台宣传. 放贷的机构也通常是私营企业甚至是个人，因此在拟定贷款条约时常常会有一些隐藏条款甚至钻法律的空子，严重的可能演变成高利贷类消费型贷款.

接着揭秘"校园贷"的陷阱一：存款利率与贷款利率计算方法不一样.

通过两道数学计算题，对比"存款与贷款"利率的不同算理. 第一题存款10000 元求利息，给出月利率. 绝大多数学生马上回忆起存款利率的算法，即利息等于本金乘以月利率乘以时间. 第二题创设的问题是：同样是 10000 元，这次是贷款，贷款 10000 元，分 12 个月还清，每个月仅需偿还 1000 元，请你计算年利率（此题是寒假的数学学习任务的变式，把每月还款用 932.33 元改为1000 元，除了便于运算外，更重要的是为了检验学生是否还能记起贷款计算的复杂性）. 尽管在寒假期间许多学生都能按照教师的指导，用"等额本息还款计算器"正确解答类似的问题，但还是不得不惊叹惯性思维力量之强大. 此时，绝大多数学生毫不犹豫地用存款公式计算出利率为 20%. 当教师提示学生回想寒假作业时，学生才恍然大悟：贷款利息与存款利息的计算方式并不一样，意识到自己"又一次掉进坑里了". 为何总"掉坑"？纸上得来终觉浅，因为体验不够深刻的知识总是难以被掌握的.

贷款利息常见计算方式分为等额本金贷款和等额本息贷款. 等额本金还款法在贷款初期月还款额大，学生一般不会选取这种贷款方式；等额本息还款法，即每月归还的本金＋利息的和固定，这个还款方式计算过程比较复杂，要运用到高次方程，目前学生水平还不能掌握，因此我们通过专门的计算器软件（网上可方便地下载）来帮助学生理解和计算．贷款利率实际不是20%，而是高达35%，接近我国规定超过36%即为高利贷的界限．贷款利率计算过程比较复杂，学生稍不留意就可能被"校园贷"等放款方式迷惑，进入圈套．

揭秘陷阱二：不规范的放贷方式及隐藏条款，令"校园贷"极易演变成高利贷．本节课教师还通过角色扮演的方式，让学生体验了一下贷款客户的角色，目的是考验学生是否能发现"校园贷"的第二个陷阱．因为"校园贷"多数通过网络申请，贷款条款不规范，贷款手续简单，使学生更容易陷入圈套．然后教师指出高利贷本质也是数学算理的问题：按照条款规定扣除手续费，实际贷款金额只有申请金额的90%，而归还时本息和却是申请金额的130%，此为"九出十三归"．如果贷款1万元，若不能按时还款，1年后要归还本息高达1.3万元！通过这种计算，让学生切身体会"校园贷"中蕴含的风险．

接下来教师与学生探讨"贷款的需求、选择及决策理由"，学生积极参与交流，从购买商品是我们需要的还是我们想要的，我们是否有还款的能力，如何防范风险等角度畅所欲言．初一（4）班袁昊同学认为："不同'校园贷'的年利率不同，都比银行高很多，多是采取等额本息还款的方式．银行贷手续费最低，流程规范．就我自己来说，如果真的有借贷需求，我会选择利率最低的银行贷款，不敢轻易去碰'校园贷'．"初一（2）班麦颂朗说："首先要清楚自己贷款的目的．因为生活困难可借贷，因为交不起学费可借贷，因为生病没钱治可借贷，因为要买必备的学习工具可借贷．符合以上几点之一，才可借贷．贷款时应当注意：首先，选择机构．应该选一家银行或正规的金融机构，而不是网上的'校园贷'．因为银行是正规的，符合国家法律，利息一般不会太高．而'校园贷'门槛低，利息看似也低，却泥沙俱下，容易出现利滚利或泄露个人信息等问题．比较不同银行的贷款利率，选择贷款成本最低的一家银行或正规的金融机构．其次，借自己需要借的钱．借之前先根据利率计算出自己需要还多少钱．最后，要预估好自己的还贷能力，做好还贷计划，珍惜个人信用记录．"教师在此过程中结合某些高中生贷款赌球、消费的案例，引导学生思考、体会"量入为出，合理消费"的重要性．

课堂最后一个环节是回看寒假作业中"青苗法"的年利率问题：40%的利

率属于"低息贷款"吗？此时，教师与学生回顾历史：变法前，宋朝的贷款年利率多数在100%左右，"青苗法"这个利率远远低于当时大贵族大地主放贷的利率．北宋宰相王安石当时就是以解决民间疾苦的立场来推行"青苗法"的．带着对利率的认识重温历史，感受王安石爱民如子的情怀和不畏权贵的精神，学生对这位伟大的政治家、文学家又多了几分敬佩．

学生总结：起初以为是正常利率的"校园贷"，最后被验证是高利贷；起初以为是高利贷的"青苗法"，其实是"惠民法"．看来，分辨孰高孰低不能仅仅依靠数学知识，还要在特定的历史条件下和社会环境中去研判，否则，我们会误判一位千古名相，也会误陷不良"校园贷"深坑．

（五）活动效果

（1）激发了学生学习兴趣，丰富了学生的财经知识，提高了学生的财经素养．采取历史与数学相融合的方式，让部分学生由于喜欢历史而爱上了数学．例如初一（5）班小杜同学，其数学较薄弱但是非常喜欢历史，据他的家长反映，由于有了"青苗法"这样一个历史材料，为了把这个历史问题搞懂，他开始对数学产生了浓厚的兴趣，缠着父母帮助他查找资料，最终出色地完成了学习任务．这说明学科融合有效激发了部分学生的学习兴趣，改变了他们的学习态度，产生了"$1+1>2$"的良好效果．学生在撰写财经素养小论文的过程中，广泛地接触了与"校园贷"相关的信息，学习了一些调查研究方法，锻炼了学以致用、总结分析及概括表达的能力．在研究的过程中提高了对信用贷款这一金融工具的理性认识水平．特别是两次掉入教师设计的"陷阱"，引起了学生的高度警觉与重视．通过计算与分析、研讨，学生明确意识到：一是贷款利率与存款利率的算法是不一样的，人们通常习惯性地把存款利率的算法代入贷款利率的计算中，这是惯性思维导致的；二是从知识层面上认识到"校园贷"其实是一种利率较高的贷款；三是随着社会的发展，新的经济产品层出不穷，通常是"陷阱与馅饼"齐飞，需要不断学习，提高风险防范的意识；四是意识到树立正确的价值观，提高个人财经道德的重要性，不仅要练就一双"慧眼"，而且要拥有一颗"慧心"，才能真正做到防范金融风险；五是应量入为出，适度消费；六是要珍惜个人信用．

（2）凝聚学科德育合力．改革开放40多年来，国家经济持续高位运行，国民收入水平大幅提高，但伴随着经济高速发展的浪潮，部分青年人经济独立性差、理财意识淡薄与片面追求财富、急功近利的现象同时并存，频频出现消费结构不合理、消费行为极端化现象．人们往往把拜金主义、贪慕虚荣、奢侈浪费归为道德水平问题，其实这些行为表现是不健康的财富观导致的．没有正确的财富观，才会出现"三观"不正的问题．财经素养教育不仅可以普及财经基础知识与技能，还可以引导国民树立正确的人生观、价值观、财富观，从而提升国民品德修养．对学校而言，帮助学生树立正确的财富价值观是财经素养教育的根本要求．财经素养教育肩负的是在当前社会氛围中抵制浅薄功利化价值观的艰巨任务，必须集合各学科力量共同行动，才有可能成功．《揭秘"校园贷"》积极打破学科壁垒和界限，统筹历史、数学等学科的力量，以《中国财经素养教育标准框架》的"五维三标"重新审视、组合、重构学科的德育资源、价值取向、教育目标、合适切入点、有效方式方法，使学科知识与技能汇聚于财经素养，成为凝聚学科德育合力的纽带，彰显财经素养教育的德育价值．

三、反思与启示

本次案例的实践与探索做到了结合实际情境，学生经历设计解决具体问题的方案，并加以实施的过程，体验建立模型、解决问题的过程，并在此过程中，尝试发现和提出问题．反思整个教学过程，在日常教学中也需要注意以下几个方面：

（1）跨学科融合是本次案例实践的一个创新点，但如何平衡各学科的教学内容，特别是对教学重难点的把握是实践过程中遇到的一大难点．"全人教育"是当下教育的一个新兴观点，能不能仿效芬兰等教育先进国家进行"全课程"设计，使本实践案例在各学科专业知识理论的支持下更加"专业"？

（2）单一的一个实践案例显得比较单薄，能否与《中国财经素养教育标准框架》初中部分结合起来，借助数学、历史学科的框架，建立成体系的"综合与实践"课程？那将赋予"综合与实践"课程更与时俱进的内涵，如将数学的应用意识与财经生活的应用意识结合起来，使数学真正成为经济生活的有力工具，不仅让学生学会数学化的计算、比较、决策，而且培养学生用数学的思维去发现问题、分析问题、解决问题的能力．

（3）本案例本着落实数学核心素养渗透的理念，在教学过程中是否同时使数学的德育渗透功能得到落地？笔者曾参与《初中数学校本活动课程教学中的德育渗透实践研究》的课题研究，并作为广东省科研立项的子课题成功结题．结合教育部颁布的《国家中长期教育改革和发展规划纲要（2010—2020 年)》，我们不难得到：初中数学教育要面向全体学生，根据学科特点，将思想品德修养融入学科教学，着力于培养学生良好的审美情趣和人文素养．因此，本实践案例可以看作学科教学与德育渗透的一次有机结合，是数学核心素养培养的再一次落实，这也不失为进一步展开实践与研究的方向．

参考文献

［1］人民出版社．国家中长期教育改革和发展规划纲要（2010—2020 年）
　　　［M］．北京：人民出版社，2010．

［2］中华人民共和国教育部．义务教育数学课程标准（2011 年版）［M］．
　　　北京：北京师范大学出版社，2012．

［3］何小亚．数学核心素养指标之反思［J］．中学数学研究，2016（7）：
　　　1－4．

基于信息技术的初中数学
综合实践校本课程教学实践

——以《揭秘房贷还款方式》为例

东莞外国语学校　汪丽丽

随着现代信息社会的到来，基于现代信息技术进行信息的收集、分析、处理、应用、传播已经成为现代人的一种基本能力．现代信息技术飞速发展，改变着现代人的生活方式，也必然会改变学校的传统教学．教育部在 2019 年发布的《关于加强和改进新时代基础教育教研工作的意见》中指出，要深化信息技术与教育教学融合，探索信息化背景下的育人方式和教研模式，推动教师主动适应信息化、人工智能等新技术变革．

我校是十二年一贯制东莞改革试点学校，为了提升学生的综合素养，学校开设"一体两翼"课程体系，即以国家课程为主体，以文化类和综合实践类校本课程为两翼，开发适应学生发展的校本课程．初中数学科组校本课程是学校课程体系中的一个重要组成部分，科组尝试通过教育教学研究与改革，结合学生的需求，将国家教材"综合与实践"板块的内容校本化，开发了涉及数学史学教育、数学美学教育、辩证思维教育、财经素养教育、STEAM 教育等的"博雅立人"课程，基于信息技术，疫情期间创新开展线上教育，极大地激发了学生的学习兴趣．

一、基于信息技术的初中数学综合实践校本课程教学理论基础

多元智能理论创始人霍华德·加德纳认为，人的智能是多元化的，包括语言智能、数理智能、视觉空间关系智能、音乐节奏智能、身体运动智能、人际

交往智能、内省智能等．传统的教育比较重视前两个方面的智能，加德纳认为，智能并非像传统智能定义所概括的以语言智能和数理智能为核心，而是以能否解决现实生活中的实际问题和创造出社会所需的有效产品能力为核心．每个学生都具有多种智能潜能，只有在适合的情境中才能最大限度地激发出来．

多元智能理论为我校基于信息技术的综合实践校本课程提供了理论依据，为提升"创新能力和应用意识"的目标指明了方向．现代信息技术不仅是传输信息的媒体，而且是一个动态的、开放的促进学生多元智能发展的学习环境和平台．我校初中数学科组基于信息技术，为学生设计创设了丰富多彩的综合实践活动，以此满足不同学生的需求，从而更好地促进学生个性化发展．（表1）

表1 信息技术运用综合实践校本课程多元智能发展促进表

智能类型	信息技术运用综合实践校本课程
言语	Word 文档文字软件、PPT 等多媒体演示工具呈现
数理逻辑	计算器辅助设计计算、电子制表、统计图表制作、逻辑性游戏（如数独、一笔画、七巧板、门萨谜题等）
视觉空间	计算机辅助图像、微课制作、几何画板创意绘图、3D 建模等
音乐节奏	哔哩哔哩网站、抖音、微课配音等初中数学综合实践优秀作品音乐文化辅助软件
身体运动	眼手协调《运用数学原理折纸》等微课录制系列
人际交往	网络平台互动交流
内省	个性化选择软件难易程度、速度、等级等

二、基于信息技术的初中数学综合实践校本课程教学实践模式

信息技术的教学不但是对传统教学的继承，也是对新模式的探索与实践．我校初中数学"综合与实践"板块教学将各类教学模式的结构成分与不断更新发展的信息技术整合，科组的教师是基于信息技术的初中数学综合实践校本课程教学模式的实践者和创新者，疫情期间丰富多彩的校本课程情境是科组教师教学模式不断创新的源泉．

1. 探究教学模式概述

探究教学模式是通过真实的问题情境为问题驱动，应用数学的相关概念，建构数学模型，解决生活中较为复杂的实际问题．基于信息技术的初中数学综合实践校本课程探究模式如图所示．

基于信息技术的初中数学综合实践校本课程探究模式活动示意图如图所示．

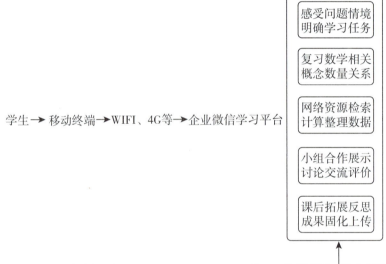

2. 探究教学模式案例分析

案例：揭秘房贷还款方式

利率、利息问题是小学六年级数学就接触的概念，学生会灵活运用"利息＝本金×利率"的公式进行计算，但是仅仅停留在解决课本中模拟的实际问题上，学生并未亲身感受数学与生活的联系．教育即生活，疫情期间，笔者尝试让学生体验房地产估价师的工作，通过录播的线上教学方式，指导学生上网查阅资料，运用等额本金、等额本息还款计算器计算，为自己的客户量身定制贷款买房和还款的方案，运用利率、利息相关概念进行有理数的相关运算，以此诠释经济学现象，体会等额本金、等额本息两种还款方式虽然只有一字之差，但是还款方式、还款金额却截然不同，从而选择适合自己的还款方式.

3. 探究教学模式案例教学设计

揭秘房贷还款方式教学设计见表2.

表2　揭秘房贷还款方式教学设计

教学环节	教师活动	学生活动	信息技术作用
创设情境明确任务	创设情境，阐明学习目的. 如今，房地产已成为一种多样化的商品，其交易日益频繁，已经成为生活中的平常事.可怎么买房，如何还款呢？今天我们就模拟房地产估价师，一起探讨贷款买房还款那点事，观看录播微课《揭秘房贷还款方式》	感受问题情境，明确学习目的	情境创设、问题呈现工具
提出问题分析问题	通过班级微信群播放微课，引领学生复习利率、利息等相关概念以及之间的数量关系. 假设你是一位房地产估价师，你的客户今年35岁，家中4人（包含两个小孩），夫妻双方均为国家公职人员，看中一套100m²的房子，市场价是2万元/平方米.贷款120万元，20年还清，商业贷款利率为6%.根据微课中提供的计算方法完成下面两个问题. 问题1：若选择每月还款本金固定（一个月还款额为贷款本金按还款的总月数均分（等额本金），再加上上期剩余本金的月利息），请问你的客户1年后共须付给银行多少利息？请写出计算过程.（可以使用计算器） 问题2：若选择每月还款本息和固定（每个月还款总额相同），请问，你的客户每月的还款金额应是多少？1年后付给银行的总利息是多少？请写出计算过程.（可以使用计算器）	复习利率、利息等相关概念以及它们之间的数量关系	模拟真实环境，展示数量关系工具、交流讨论工具

续 表

教学环节	教师活动	学生活动	信息技术作用
计算数据制作方案	指导学生用信息化的工具计算，依据结果形成方案，帮助学生和客户一起扫描二维码，通过房贷计算器计算 20 年到期后两种方式还款的利息分别是多少．（直接写出答案） 依据数据结果，结合东莞城市发展规划、楼价涨跌趋势、货币通胀等宏观因素，以及个人退休年龄、家庭人员结构、是否提前还款等个体因素，运用图表、统计图等分析方式，有理有据地给你的客户提供划算的还款方案	按照驱动问题记录、计算数据，依据结果，网上检索，小组合作形成方案	模拟真实环境，计算工具、检索工具、讨论交流工具
成果展示交流评价	教师参与班级群线上展示． 展示的方式形式多样，可以通过图片软件制作漫画，让全班学生秒懂，做一个老少皆宜的宣传，让学生全家人都能感受到房地产估价师的重要性；可以制作微课展示过程中的数据、受到的启发、获得的收获；可以是录制小品，展示房地产估价师一天的生活点滴；可以是调查分析报告；可以是 PPT 多媒体等	小组合作汇报、参与讨论、提出修改意见等	表征方案工具、展示成果工具、讨论工具
课后拓展反思提升	整理归纳分享的成果，推送到学校公众号，全市共享．感悟数学知识源于生活，服务于生活，同时体会父母还款的不易，进行德育渗透	整理归纳分享的成果	表征方案工具、交流工具

我校综合实践校本课程从身边的生活问题出发,利用网络丰富的资源为学生的学习提供了广阔的空间,通过较为复杂的真实的房贷还款问题,让学生构建数学模型,运用探究模式借助信息技术平台,选择方案,解决问题.在探究活动过程中,学生通过 Word、PPT 等信息技术工具表达思想,描述探究结论,语言智能得以发展;通过计算机软件数据计算,收集数据、整理数据、分析对比数据,提升了数理智能,强化了数感、对数据逻辑关系的敏感度;通过丰富多样的成果展示——形状各异的统计图表、色彩斑斓的系列漫画等增强了视觉空间关系智能;通过网上调查,与客户沟通交流,增强了人际交往智能;通过不同还款方式的计算,进行方案选择,提升了自我认知能力,学会了自省,选择适合客户及其家庭的贷款还款方式.学生的多元智能得以有效提升.

三、基于信息技术的初中教学综合实践教学反思

1. 注重驱动问题设计

我校综合实践校本课程以真实驱动问题为背景,关注问题本身和学生解决问题的过程,注重学生对数学概念的理解和运用;基于信息技术,培养学生建立分析问题、解决问题的能力,提升应用意识.好的驱动问题设计,可以为学生提供探索社会上各种职业的机会,使学生借以了解现象背后的机制与意义.疫情期间,我校综合实践校本课程案例《揭秘房贷还款方式》,学生在研究过程中对房地产估价师有了新的认识:他们不是盲目地推销房地产的销售员,而是具备相关专业知识,以客户利益为首、个人利益为次的房地产估价师.通过还款方案的制订,学生了解了生活处处是学问,只要留心,就会发现天天在跟数学打交道,大到买房买车,小到买菜买零食,数学的应用范围广泛,与生活息息相关,感悟学好数学的重要性.通过了解家庭房贷还款的经历,学生了解父母贷款买房和还款的压力,体会到了父母的努力和辛苦付出.整个研究过程全面提升了学生的多元智能.

2. 注重信息技术与课程内容的整合

我校基于信息技术的综合实践校本课程,不仅是作为教育教学的辅助工具,还是利用信息技术创设新型的教学环境,引领学生深度思考、自主获取信息、小组互动交流、协作探究等教与学的方式.但是信息技术与综合实践校本课程的整合立足点应为课程而不是技术,注重的整合过程不是简单的叠加、关联,

应该体现信息技术在课程教学中的协调性，最终目的是通过技术引领学生进行高级思维，提升多元智能.

3. 注重课程评价设计

疫情期间，线上教育，评价设计很关键，通过学习教师提供的相关资源，形成课后评价练习及测试问卷.科组采用班级小管家与 UMU 互动系统，基于信息技术平台，学生登录后可以上传作业、发表评论、反馈矫正、参与投票等.系统可以准确及时地反馈学生的学习效果，明确学生存在的问题.同时，师生、生生之间地同步、异步地交互，可以采用多种评价模式，通过生生互见、互评，师生互见、互评等评价权限设置，为学生真实互动提供时间与空间.UMU 互动系统可以收集学生优秀作业，包括 Word 文档、PPT 课件、学生作业评讲微课等，作为学生的成长记录袋，在线收录学生的作品.疫情期间，教师通过系统让学生感受到学习活动并不是孤立的，并非只有人机对话，而是全员参与的个性化实现.

参考文献

[1] 张文兰.信息技术与课程整合［M］.西安：陕西师范大学出版社，2012.

[2] 吴彦文.信息化环境下的教学设计与实践［M］.北京：清华大学出版社，2018.

"核心素养"新教育——心向往之

——浅谈提升初中学生数学素养的一些实践与思考

东莞外国语学校　李洁文

我们在新一轮基础教育课程改革中迎来了课堂教育教学转型的新挑战．践行"核心素养"新教育，是我心仪的教育改革的新目标．

我在新一届初中教育教学中主要以新研发的"趣味数学"校本课程、传统的数学教材课程、数学培优的选修课程三大教学板块来实施我的"核心素养"教育教学．在实践过程中，我践行"以情促知，知情互动；凸显数学思想，以思导行；关注学习体验，激发学生潜能"的思想，实现以优化教学内容为中心，培养学生的主体意识，让学生乐学、善学；以数学知识为载体发展学生的思维能力，让学生把数学知识转化为智慧；以问题解决为抓手培养学生的理性精神，让学生敢于质疑，追求真理．下面来谈谈我的一些实践与思考．

一、践行以情促知，知情互动

1. 课堂寓教于乐，以乐导情

我校自主研发的《趣味数学》校本教材内容丰富，组编教材时特别注重它的趣味性．例如，教材编有数学家的故事、24 点游戏、数学谜语、文字算式题、一笔画、倒水解谜等，学生对这些内容很感兴趣，总体课堂参与度高．在这样的课堂中没有学困生，没有学生不爱表现，只有举手不断、掌声不断．

"趣味数学"课堂活动形式多样，这样可以减少教师在讲解有难度的内容时对学生产生的学习压力．我在讲授简单的逻辑推理时，采用的是以小组为单位的 PK 赛的形式,看看哪一组"破获"的事件最多;我在讲授《图形规律推理》全校对外公开课时,采用男生、女生两大阵营对决的形式,每个学生只有一次抢答机会,这就要求他们教会不会的队友,让没有回答的学生有更多的学习机会,这是培养学生合作意识、竞争意识的大好时机;在 24 点扑克牌游戏中,我采用了以个人为擂台主的淘汰赛的形式,学生都不甘落后.寓教于乐的形式是多样的,在实践中关键是要与内容相适应,采取一些受学生欢迎的活动形式,让学生积极参与其中,这样才能增强教学活动的渗透力和吸引力,才能提高教育的效果.

2. 课堂学会审美,以美怡情

教师在教给学生数学知识的同时,要让学生在欣赏中发现数学是美的.在数学欣赏课上我主要介绍了对称、平移、旋转三种图形变换.对称既是数学概念,又是美学概念,教学中我让学生欣赏自然界中的各种对称美,让学生初步感知轴对称图形的形状美.平移图形能产生叠合美,旋转图形能产生变幻美,在培养学生审美情感的同时,"几何直观"核心素养已悄然渗透.

达·芬奇说:"黄金分割是美的原则,一切符合黄金分割的图形都是最美的图形."在讲解黄金分割时,我介绍了摄像黄金分割构图、人体最美黄金比的形象、建筑物常用的黄金比设计,还有几何图形中的黄金矩形、黄金扇形等,这些无不体现了数学的和谐美.

在我校科技节期间,数学科组举办了一次"数学之美"——创意绘画比赛.比赛要求绘画作品是手绘的或电脑设计的,作品色彩鲜艳,并附上一句贴切的图形寓意解词.学生积极参与,绘制出一幅幅别出心裁的创意图画.简单的正方形、梯形、圆、直线、曲线在他们的笔下演绎出动物的灵动、亲情的温馨、城市的缩影、外星的神秘……在数学的殿堂里,我们可以憧憬美好的生活,可以礼赞自然的奥妙,可以歌唱生命的美好!(下面附带几幅荣获创意绘画比赛一等奖的作品)

狮子　　　　　猴子

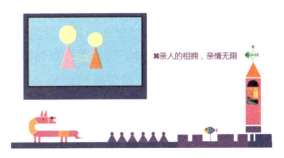

✂亲人的相拥，亲情无限

外星人

繁华的城市

面对新课程改革的挑战，我们必须转变教育观念，多动脑筋，多想办法，以自己对数学最真诚的热爱、最睿智的领悟引领学生走进美丽的数学世界，让每一个学生都有一双发现"数学美"的慧眼！在"趣味数学"课上，我让学生意识到数学原来还可以这么有情趣地去学习，数学原来还可以这么有魅力，从而使他们对数学产生亲近感．

二、凸显数学思想，以思导行

我认为数学教学不应该仅仅是讲解知识、训练技能，还要挖掘、凸显隐含在知识和技能之中的数学精髓——数学思想方法．在常规教学中，我特别注重例题变式教学，通过例题组的递增式变化，强化学生对知识、技能的灵活应用，让学生学会触类旁通，用相似的解题思想方法轻松地解决问题，以思想引导探究．

1. 分析数据图形，渗透数形结合

数形结合的本质是借助图形来研究数量关系或者利用数量关系来研究图形的性质，是一种重要的数学思想方法．它可以使抽象的问题具体化，复杂的问题简单化．我在讲授 7.1.2《平面直角坐标系》时，再次渗透数形结合．

课本在这一节只有一道较为简单的例题，而在课后有两道练习题为常考题型，在授课时我把它们整合为一组例题问题串，借助图形让学生来研究多种坐标规律．

（七年级下册课本第 67 页）例：在平面直角坐标系中描出下列各点．

A（4，5），B（-2，3），C（-4，-1），D（2.5，-2），E（0，4）．

（课本第 70 页）7. 在平面直角坐标系中描出下列各组点，并将各组内的点用线段依次连接起来．

（1）（-5，0），（-4，3），（-3，0），（-2，3），（-1，0），（-5，0）；

（2）（2，1），（6，1），（6，3），（7，3），（4，6），（1，3），（2，3），（2，1）．

观察得到的图形，你觉得它们像什么？求出所得到图形的面积．

（课本第 70 页）8. 建立一个平面直角坐标系，描出点 A（-2，4），B（3，4），画直线 AB，若点 C 为直线 AB 上一点，则点 C 的纵坐标是什么？想一想：

（1）如果一些点在平行于 x 轴的直线上，那么这些点的纵坐标有什么特点？

（2）如果一些点在平行于 y 轴的直线上，那么这些点的横坐标有什么特点？

新例　在平面直角坐标系中描出下列各组点，并将各组内的点用线段依次连接起来：① A（-4，3），B（4，3）；② C（-2，3），D（2，3），E（-2，-3），F（2，-3）．

（1）观察得到的图形，你觉得它像什么？求出所得到图形的面积．

（2）线段 AB 与 x 轴有什么关系？这些点的纵坐标有什么特点？

（3）线段 CE 与 y 轴有什么关系？这些点的横坐标有什么特点？

（4）有哪些点关于 x 轴对称？有哪些点关于 y 轴对称？

设计上例问题串，第（1）题要求学生在平面直角坐标系中准确描点，掌握求解几何图形的面积的方法；第（2）（3）题要求学生借助已有图形，探究两点所成线段平行于 x 轴、y 轴时的坐标规律；第（4）题再拓展，要求学生探究两点关于 x 轴、y 轴对称的坐标规律．

2. 注重逻辑推理，强调分类讨论

数学是一门严谨的学科，特别是在几何图形的学习中，培养学生的逻辑推理能力至关重要．较好的逻辑推理能力主要表现为能清晰、有条理地表达自己的思考过程，做到言之有理，落笔有据．例如，讲授 4.3.2《角的比较与运算》这一节时，课本上给出了角的平分线概念，但没有相关的例题，我将课后一道练习题改编为一个例题变式题组，着重培养学生的逻辑推理能力．在变式题中，图形的位置变化会引起数量的变化，因此，在没有明确图形的相对位置时，必须进行分类讨论．

（七年级上册课本第 140 页）9. 如图，OB 是 $\angle AOC$ 的平分线，OD 是 $\angle COE$ 的平分线．

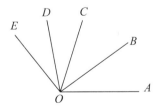

（1）如果 $\angle AOB = 40°$，$\angle DOE = 30°$，那么 $\angle BOD$ 是多少度？

（2）如果 $\angle AOE = 140°$，$\angle COD = 30°$，那么 $\angle AOB$ 是多少度？

新例 *OB* 是 ∠*AOC* 的平分线，*OD* 是 ∠*COE* 的平分线.

（1）如左图所示，如果 ∠*AOB* = 40°，∠*DOE* = 30°，那么 ∠*BOD* 是多少度？

（2）如右图所示，如果 ∠*AOC* = 80°，∠*COE* = 60°，那么 ∠*BOD* 是多少度？

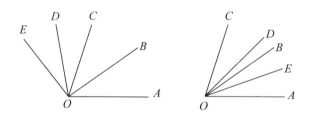

例题变式： ∠*AOC* = 80°，∠*COE* = 60°，*OB* 是 ∠*AOC* 的平分线，*OD* 是 ∠*COE* 的平分线，求 ∠*BOD* 的度数.

一题多变，例题为变式题做好了铺垫，这样的教学设计从简单到复杂，循序渐进，对培养学生思维的严谨性颇有益处. 引导学生思考变式题时，教师要着重引导学生从不同的角度来思考问题：不同点在哪儿？如何用相类似的方法去解决？

3. 强化应用意识，凸显建模思想

数学建模是一种解决问题的思想方法，是实际问题与抽象的数学知识间的一个转化过程. 在教学中适当渗透建模思想，可提高学生的数学应用意识，也是推进素质教育的一个突破口. 8.3《节实际问题与二元一次方程组》有一道与图形面积相关的例题较难，学生不好理解，因此，我在授课时以例题变式题组的形式帮助学生由浅入深，构建解决图形面积问题的基本模型.

新例1 小明在拼图时，发现8个一样大的小长方形恰好可以拼成一个大长方形，如图甲所示. 小华看见了说"我来试一试"，结果小华七拼八凑，拼成一个如图乙所示的正方形，中间留下一个洞，恰好是边长为 2 cm 的小正方形，你能算出小长方形的长和宽吗？

变式练习如上图所示，8 块相同的长方形地砖拼成一个大长方形，大长方形的宽为 60 cm，每块长方形地砖的长和宽分别是多少？

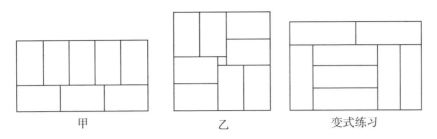

甲　　　　　　　乙　　　　　　变式练习

新例 2　据统计资料，甲、乙两种作物的单位面积产量的比是 1 : 2，现要把一块长 200m，宽 100m 的长方形土地分为两块长方形土地，分别种植这两种作物，怎样划分这块土地，使甲、乙两种作物的总产量的比是 3 : 4？

变式练习（课本 P98 第 9 题）：一个长方形的长减少 5 cm，宽增加 2 cm，就成为一个正方形，并且这两个图形的面积相等，求这个长方形的长与宽.

通过精编教学例题题组，展示知识的发生、发展、形成的过程，使学生理解从"变"的现象中发现"不变"的问题本质；通过对例题进行多角度变式探究，使学生掌握从"不变"的本质中归纳出"不变"的思想方法. 数学思想方法是从数学知识中提炼出来的精髓，是数学的灵魂所在.

三、关注学习体验，激发学生潜能

我的数学培优选修课程按照"以生为本，关注体验，激发潜能"的理念，根据教学大纲与中考对各知识模块的要求，以教材为线索，通过典型常规题、创新开放题、趣味数学题及实践应用题等让学生对重点考查内容进行再探究，全面提升学生的综合素养.

1. 面对困难，苦中求乐重突破

学习中有苦更有乐. 克服困难、刻苦学习是一种苦，同时在学习过程中不断激发自身的潜能，获得自我超越更是一种乐. 我以此不断地激励学生：坚持好好学习，胜利必定是属于你的.

话虽如此，但我在备课时要花心思，准备一些"乐子"，否则这课堂难以出彩.

我在讲授《简单的等比数列求和》时有以下教学设计.

首先介绍拆项方法是等比数列求和的关键点：

比如，$\dfrac{1}{2} = 1 - \dfrac{1}{2}$，$\dfrac{1}{2^2} = \dfrac{1}{2} - \dfrac{1}{2^2}$，$\dfrac{1}{2^3} = \dfrac{1}{2^2} - \dfrac{1}{2^3}$，…，请同学们写出第 n 个

式子.

例1 计算 $\dfrac{1}{2}+\dfrac{1}{2^2}+\dfrac{1}{2^3}+\dfrac{1}{2^4}+\cdots+\dfrac{1}{2^n}$.

例2 计算 $\dfrac{1}{3}+\dfrac{1}{3^2}+\dfrac{1}{3^3}+\dfrac{1}{3^4}+\cdots+\dfrac{1}{3^n}$.

例3 计算 $\dfrac{1}{4}+\dfrac{1}{4^2}+\dfrac{1}{4^3}+\dfrac{1}{4^4}+\cdots+\dfrac{1}{4^n}$.

以上式子除了用拆项的方法外，还可以用方程来解. 令 $S=\dfrac{1}{4}+\dfrac{1}{4^2}+\dfrac{1}{4^3}+\dfrac{1}{4^4}+\cdots+\dfrac{1}{4^n}$①，则 $4S=1+\dfrac{1}{4}+\dfrac{1}{4^2}+\dfrac{1}{4^3}+\cdots+\dfrac{1}{4^{n-1}}$②，②－①得 $3S=1-\dfrac{1}{4^n}$，所以 $S=\dfrac{1}{3}\left(1-\dfrac{1}{4^n}\right)$.

归纳：数列 $\dfrac{1}{a}+\dfrac{1}{a^2}+\dfrac{1}{a^3}+\dfrac{1}{a^4}+\cdots+\dfrac{1}{a^n}=\dfrac{1}{a-1}\left(1-\dfrac{1}{a^n}\right)$.

猜想：数列 $\dfrac{1}{2}+\dfrac{1}{2^2}+\dfrac{1}{2^3}+\dfrac{1}{2^4}+\cdots+\dfrac{1}{2^n}+\cdots$，无穷增加下去，和会是多少？

在此我给学生渗透了微积分知识，对学生而言，这些问题肯定有难度，我再引导学生从"数"的角度思考，它的结果可以从 $1-\dfrac{1}{2^n}$ 来猜想，当 n 无穷大时，$\dfrac{1}{2^n}$ 接近0，因此和会是1. 从"形"的角度思考，它的各项可以理解为下图正方形的各部分，无穷增加下去，和就接近整个正方形的面积，会是1. 除此以外，还可以用方程来解，类似地，其他数列的和又会是多少呢？我们又如何用"数""形"的方法去解决呢？我记得在这节课上，讲到精彩之处，掌声响起来了，此时学生是快乐的，我更是激动的，这样的教与学的和谐美让人难以忘怀.

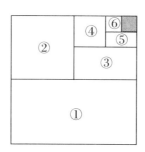

2. 面对质疑，崇尚真知重发散

孔子曰："疑是思之始，学之端．"学生在学习过程中有好奇心和想象力，敢于质疑，提出自己的新观点，这种素养难能可贵，我们必须小心呵护．我在讲解图形变化规律时，有这样的一道题："?"号处填入哪个图形能呈现一定的规律．

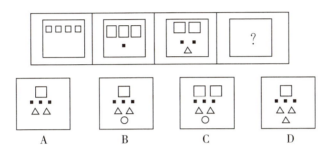

当时我给出的答案是 A，其规律是第 1 行的图形依次减少，第 2、3 行的图形依次增加．但此时有一个学生举手争辩说，答案应选 B，其规律是第 1 行的图形依次减少，其余各行的图形依次增加，且第一个图有一行图形，第二个图有两行图形，第三个图有三行图形，因此第四个图应有四行图形，A 选项是错误的．我再仔细一想，这个学生分析得很有道理，马上就对她竖起了大拇指，"你真棒！"这时也少不了同学们的掌声．

在讲解方程与不等式的综合应用时，有这样的一道题：

已知：x、y、z 是三个非负有理数，且满足 $3x+2y+z=5$，$x+y-z=2$，若 $s=2x+y-z$，则 s 的最大值、最小值分别是多少？

我的分析点拨：①把 s 的表达式变形为只含一个字母的形式，如用只含 x 的式子表示 y、z，然后都代入 $s=2x+y-z$；②由 x、y、z 是三个非负有理数可以得到一个关于 x 的不等式组，自然会得到 x 的取值范围，这时 s 的取值范围也可求出，则 s 的最大值、最小值就出现了．

大部分学生按照我的提示，对这道题进行解答，其过程大致如下：

$$y=\frac{7-4x}{3}, \ z=\frac{1-x}{3}, \ s=2x+y-z=x+2$$

由 $\begin{cases} x\geqslant 0 \\ y\geqslant 0 \\ z\geqslant 0 \end{cases}$ 得 $0\leqslant x\leqslant 1$，所以 $2\leqslant s\leqslant 3$，s 的最小值为 2，最大值为 3

公布答案之后, 有一个学生提出: $s = 2x + y - z = x + (x + y - z) = x + 2$, 这样变形更快. 我马上肯定地说: "确实如此, 你在此应用了整体思想, 化简了运算, 但依然要求出前两步, 否则 x 的取值范围无法求了 . " 学生心悦诚服 . 接着又有一个学生提出: "我有不同的做法!" 其解答过程大致如下:

$x = 1 - 3z$, $y = 4z + 1$, $s = 2x + y - z = 3 - 3z$

由 $\begin{cases} x \geq 0 \\ y \geq 0 \\ z \geq 0 \end{cases}$ 得 $0 \leq z \leq \dfrac{1}{3}$, 所以 $2 \leq s \leq 3$, s 的最小值为 2, 最大值为 3

这两种方法"殊途同归", 由此说明这个学生不是在模仿老师的方法解题, 而是理解应用了老师的方法解题, 这叫"真懂了!" 我感到很欣慰, 孺子可教也.

提升初中学生的数学素养, 教师要做有心人 . 数学素养有着双重功能: 一是促使学生深刻领会数学内容, 理解数学思想, 掌握数学方法, 即提高数学能力; 二是提高学生的综合文化素养, 激发学生学习数学的兴趣, 陶冶情操, "以文育人".

基于信息技术融合的动态
几何教学实践与思考

东莞外国语学校　尹佩芬

在信息技术和数学课程融合的过程中，信息技术软件是有效的动态几何教学工具，能实现点、线、面、体基本的变换操作．信息技术工具具有强大的作图功能，严谨的计算、度量和数据处理程序，能动态地展示几何对象的变化性质和运动规律，是教师和学生进行问题探究的一把"利器"．利用信息技术软件，可以迅速实时地变换图形，发现规律．信息技术为教师和学生提供了一个探索新知的环境，它除了可以在课堂上辅助教师授课，还可以作为学生参与数学实验的工具，学生可以借助信息技术软件自行制作解决问题的环境，任意拖动图形、观察、猜想、验证，进而发现和解决问题．教育部在《基础教育课程改革纲要》中提出："大力推进信息技术在教学过程中的普遍应用，促进信息技术与学科课程整合，逐步实现教学内容的呈现方式、学生的学习方式、教师的教学方式、师生互动方式的变革，充分发挥信息技术的优势，为学生的学习、发展提供丰富多彩的教育环境，以及有力的学习工具．"

一、信息技术应用于日常动态几何教学活动

在初中教材中，圆周角、最短路径问题、函数等许多课题都涉及动态几何．学生对于信息技术软件在课堂上的使用是持欢迎态度的，教师如果能借助信息技术动态地演示各类问题，并且能展示精确的数据，就可以大大地促进学生对问题的理解．目前信息技术应用于数学课堂教学的研究并不少，但是缺乏具体实际的例子．下面提供几个信息技术促进动态问题教学新授课的案例，以

几何画板软件为例，为教师的实践提供参考．

1. 几何画板应用于《圆周角》一课的教学

《圆周角》一课选自人教版九年级上册．圆周角问题是动态几何问题，同弧或者等弧所对的圆周角相等，也就是说，圆周角的顶点在圆弧上运动，但是角的度数保持不变，这是一个动中有静的问题．

这节课的过程与方法目标是通过对圆周角和圆心角数量关系的探究，提高学生数学观察、归纳能力，培养学生的数学探究意识．对于圆周角和圆心角数量关系的猜想与探究，教材中提出通过测量的方法比较圆周角和圆心角的度数，但是本文认为，教材中的方法操作麻烦、耗时大且数据量太少，难以说明问题，因此提出师生

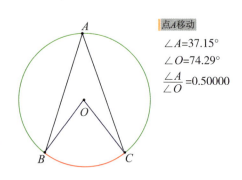

可以在课堂上借助几何画板，如上图所示，在数学实验过程中培养学生的合作探究精神以及动手操作能力，使学生学会运用实验验证的方法寻求真理．

借助几何画板可以向学生展示精确、大量的实验数据，并且可以省去画图时间，提高课堂效率．同时，教师可以请学生自行操作几何画板，提高学生利用计算机技术解决数学问题的能力．

圆周角定理证明中根据位置分三种情况证明是本节课的难点．教材利用了圆对折产生的折痕，将圆周角与圆心角的位置关系分成了三种情况，但是学生难以从圆的对折折痕联想到三种情况，因此本文提出借助几何画板，利用同弧所对的圆周角在圆周上运动，如右图所示，让学生观察，从而得出圆周角与圆心角的三种位置关系．

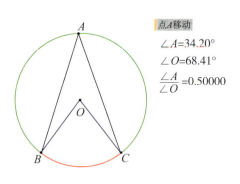

如下图所示，借助几何画板让教材内容动起来，通过这种形象直观的教学，使学生从运动的观点理解知识，通过观察，在探索图形变换的过程中发现几何问题，为分情况证明扫除障碍．

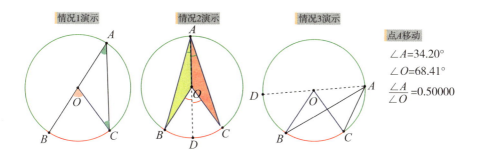

在证明环节中，教师可借助几何画板引导学生从"特殊"入手，渗透从特殊到一般的思想，很容易就能让学生明白将后面两种情况的证明转化为第一种情况的证明．

2. 几何画板应用于最短路径问题的教学

最短路径问题是人教版八年级上册13.4节的一个学习课题．该课的问题就是在直线 l 上有一动点 C，点 C 在何处时，使得 $AC + BC$ 的距离最短．最短路径问题实际上是应用轴对称解决动态几何问题．该课的教学难点是最短路径位置的确定及证明．

该问题的解决就是作对称点，将直线同侧两点的情况转化为较为简单的直线异侧两点的情况，利用"两点之间，线段最短"将折线问题转化为直线问题．

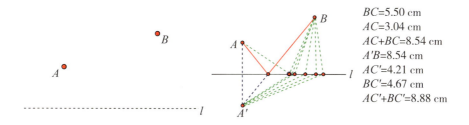

很多教师在课堂上直接告诉学生通过作点 A 关于直线 l 的对称点 A'，连接 $A'B$ 交直线 l 于点 C，点 C 即为所求，然而学生并不理解为什么点 C 即为所求，后面教师将会从数学证明的角度说明问题．但是对于初二学生来说，证明集合点最值的问题还是抽象的．此时教师可以制作上图中的几何画板，动态地向学生演示，拖动 C'，学生就会更加直观地理解上述问题，此时教师再展开证明环节的教学，学生就更容易理解．

3. 几何画板应用于中考专题复习教学活动

分析近 5 年的广东中考题，其中 2012—2017 年广东卷均出现了动态几何问题，2012—2014 年广州卷均出现了动态几何问题，且都为压轴题，难度大，综合性强．考查的题目中大多数为动点问题，2013 年广东卷考查的是动面问题，综合性更强．动态几何问题的考查都不是涉及单一的知识点，基本上涵盖了整个初中阶段的几何重点知识，对学生的要求较高．

随着几何画板软件在数学课堂中的普及使用，几何画板软件已经给数学课堂教学带来了诸多便利．但是，综观如今的数学课堂，许多教师只是停留在将几何画板应用于引入新课、作图等环节，甚少或是不善于应用几何画板打造高效数学习题课，因此本文以一道中考的动态几何问题为例，浅谈如何利用几何画板进行习题教学．

（1）试题呈现．

（选自广东省 2014 年中考 25 题）如下图所示，在 $\triangle ABC$ 中，$AB = AC$，$AD \perp BC$ 于点 D，$BC = 10$ cm，$AD = 8$ cm，点 P 从点 B 出发，在线段 BC 上以每秒 3 cm 的速度向点 C 匀速运动．与此同时，垂直于 AD 的直线 m 从底边 BC 出发，以每秒 2 cm 的速度沿 DA 方向匀速平移，分别交 AB、AC、AD 于 E、F、H，当点 P 到达点 C 时，点 P 与直线 m 同时停止运动，设运动时间为 t 秒（$t > 0$）．

① 当 $t = 2$ 时，连接 DE、DF，求证：四边形 $AEDF$ 为菱形．

② 在整个运动过程中，所形成的 $\triangle PEF$ 的面积存在最大值，当 $\triangle PEF$ 的面积最大时，求线段 BP 的长．

③ 是否存在某一时刻 t，使 $\triangle PEF$ 为直角三角形？若存在，请求出此时刻 t 的值；若不存在，请说明理由．

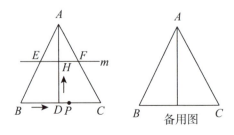

试题分析：广东省 2014 年中考 25 题，难度系数为 0.45. 该中考题有 3 个小问，分别是一道证明题、一道求最值问题、一道分类讨论题目，是运动型综合题，涉及动点与动线两种类型. 第①问考查了菱形的定义；第②问考查了相似三角形、图形面积及二次函数的极值，首先求出 $\triangle PEF$ 的面积的表达式，然后利用二次函数的性质求解；第③问考查了相似三角形、勾股定理、解方程等知识点，重点考查了分类讨论的数学思想.

（2）利用几何画板进行习题课教学.

第①问难度不大，但是涉及动点问题，学生对于动点问题有畏难情绪，水平较低的学生，难以在脑海中形成几何直觉. 为此，教师可以在课前用几何画板作出动态效果图进行分析，让学生迅速想象出以上运动现象. 如下图所示，借助几何画板，学生迅速发现，当 $t=2$ 时，线段 m 与 $\triangle ABC$ 的中位线重合，且 EF 为 AD 的垂直平分线，证明就很容易了. 此小问几何画板的作用不太明显.

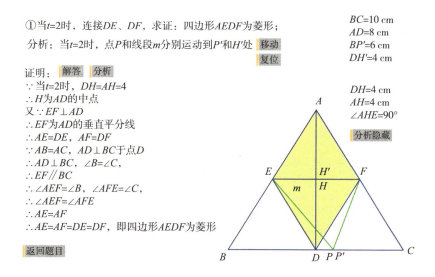

对于第②问，涉及动点和动线问题，学生不容易发现用 t 表示 EF 的长度，解决本题的关键是找出动点以及不动的点，发现规律，以不动求动，如下图所示，此时可以借助几何画板为学生演示动态效果，引导学生通过三角形相似得到线段 EF 的长度. 这一小问利用二次函数的性质很容易求解，但是对于学生而言，上述运动仍然是抽象的，因此教师可以制作如下图所示的动画效果. 动画中动点 P 的运动带动着点 H 和线段 EF 的运动，同时生成 S 关于 t 的函数，让学生更直观地体会数形结合的思想方法. 本题的易错点是学生容易忽略 t 的取值

范围，教师借助几何画板的动态演示就能够使学生迅速意识到自变量 t 的取值范围．

对于第③问，考查分类讨论的思想方法，学生不容易考虑到分三种情况进行讨论，也很难直观想象出三种直角的情况，此时教师可以借助几何画板的动态效果．如上图所示，只要拖动点 P，学生就会发现 $\triangle PEF$ 是直角三角形存在三种情况，如此便可以向学生演示为什么要进行分类讨论？如何分类讨论可以做到不重不漏？如下图所示，几何画板展示符合题意的两种情况，加强学生对本道题的理解．

②在整个运动过程中，所形成的 $\triangle PEF$ 的面积存在最大值，$\triangle PEF$ 的面积最大时，求线段 BP 的长． 解答 分析 演示

分析：当运动时间为 t 时，点 P 的运动路程为 $3t$，线段 m 的运动路程为 $2t$，此时 $\triangle PEF$ 的高为 HD，即为线段 m 的运动路程，底为 EF，可利用 $\triangle AEF \sim \triangle ABC$，得到用自变量 t 来表示 EF，最终可得到 $\triangle PEF$ 面积的表达式，用含 t 的式子表示，其中 t 的取值范围为 $0<t<\dfrac{10}{3}$，根据二次函数的性质，讨论面积的最大值即可．

③在整个运动过程中，所形成的 $\triangle PEF$ 的面积存在最大值，$\triangle PEF$ 的面积最大时，求线段 BP 的长． 分析

$EF=7.80$ cm $AH=6.24$ cm $\triangle PEF$ 的面积 $=6.87$ cm²

$BC=10.00$ cm $AD=8.00$ cm $\triangle P'E'F'$ 的面积 $=10.00$ cm²（最大值）   移动 复位

$\dfrac{EF}{BC}=0.78$ $\dfrac{AH}{AD}=0.78$

④是否存在某一时刻t，使△PEF为直角三角形？若存在，请求出
此时刻t的值；若不存在，请说明理由. 分析 演示

分析：△PEF为直角三角形存在三种情况，分别
为∠PEF为直角、∠EPF为直角、∠EFP为直角，
因此要分三种情况进行讨论，并借助三角形相
似求出t值.

情况1 情况2 情况3 变式探究 返回题目

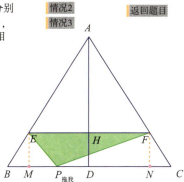

⑤是否存在某一时刻t，使△PEF为直角三角形？若存在，请求出
此时刻t的值；若不存在，请说明理由. 分析

∠EPF=41.19°
∠PFE=90.00°
∠FEP=48.81°
t=2.35294

$\frac{40}{17}$=2.35294

$\frac{280}{183}$=1.53005

移动 复位 变式探究
∠EFP为直角 返回题目
∠EPF为直角

t	∠EPF	∠PFE	∠FEP
2.35294	41.19°	90.00°	48.81°

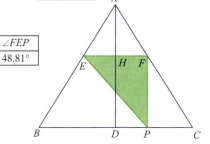

⑥是否存在某一时刻t，使△PEF为直角三角形？若存在，请求出
此时刻t的值；若不存在，请说明理由. 分析

∠EPF=90.00°
∠PFE=41.19°
∠FEP=48.81°
t=1.53005

$\frac{40}{17}$=2.35294

$\frac{280}{183}$=1.53005

移动 复位 变式探究
∠EFP为直角 返回题目
∠EPF为直角

t	∠EPF	∠PFE	∠FEP
1.53005	90.00°	41.19°	48.81°

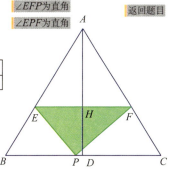

111

4. 利用几何画板进行习题变式教学

动态几何问题往往比较复杂、综合性强，因此，在教学中，教师不仅要引导学生解决问题，而且要引导学生从问题中发现问题，举一反三，变单一思维为多向拓展，变机械接受为主动探究，培养学生思维的灵活性．为此，教师可以借助几何画板进行变式教学，提高课堂效率．几何画板具有严谨的作图程序，能大大提高变式教学的效率．利用几何画板进行变式教学可以作为自主实验型的教学，即学生自行利用几何画板变式探究．对于以上问题，本文提出以下变式：

（1）变"直角三角形"为"等腰三角形"．

是否存在某一时刻 t，使 $\triangle PEF$ 为等腰三角形？若存在，请求出此时刻 t 的值；若不存在，请说明理由．

分析：此变式同样考查分类讨论的思想方法，学生不容易考虑到分三种情况进行讨论，也很难直观想象出三种等腰三角形的情况．

如何利用几何画板进行变式教学？在以上三问的基础上，教师可以让学生自行拖动几何画板的图形，找到分类依据，使学生在动态变化中感悟．这个过程由学生自己动手探究，能让学生现场实时、直观地领会分类讨论思想方法的精髓．学生自主探究完成之后，由教师演示三种分类情形，如下图所示．

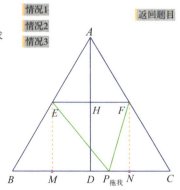

变式是否存在某一时刻 t，使 $\triangle PEF$ 为等腰三角形？若存在，请求出此时刻 t 的值；若不存在，请说明理由． 分析 演示

分析：$\triangle PEF$ 为等腰三角形存在三种情况，分别为 $PE=EF$、$EF=FP$、$FP=PE$，因此要分三种情况进行讨论，并借助三角形相似求出 t 值．

情况1
情况2
情况3

返回题目

变式是否存在某一时刻t，使$\triangle PEF$为等腰三角形？若存在，请求出此时刻t的值；若不存在，请说明理由. 分析

EF=5.15 cm $\quad \dfrac{40\sqrt{113}-400}{13}$=1.93891

PE=5.15 cm $\quad \dfrac{560}{253}$=2.21344

PF=4.26 cm

t=1.93891 cm $\quad \dfrac{5}{3}$=1.66667

t	EF	PE	PF
1.93891 cm	5.15 cm	5.15 cm	4.26 cm

注：单位为cm

移动 复位 　　返回题目

总结

PE=EF

PF=EF

PE=PF

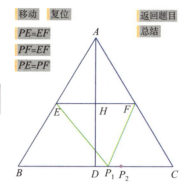

变式是否存在某一时刻t，使$\triangle PEF$为等腰三角形？若存在，请求出此时刻t的值；若不存在，请说明理由. 分析

EF=4.47 cm $\quad \dfrac{40\sqrt{113}-400}{13}$=1.93891

PE=5.88 cm $\quad \dfrac{560}{253}$=2.21344

PF=4.47 cm

t=2.21344 cm $\quad \dfrac{5}{3}$=1.66667

t	EF	PE	PF
2.21344 cm	4.47 cm	5.88 cm	4.47 cm

注：单位为cm

移动 复位 　　返回题目

总结

PE=EF

PF=EF

PE=PF

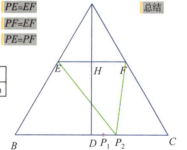

变式是否存在某一时刻t，使$\triangle PEF$为等腰三角形？若存在，请求出此时刻t的值；若不存在，请说明理由. 分析

EF=5.83 cm $\quad \dfrac{40\sqrt{113}-400}{13}$=1.93891

PE=4.43 cm $\quad \dfrac{560}{253}$=2.21344

PF=4.43 cm

t=1.66667 cm $\quad \dfrac{5}{3}$=1.66667

t	EF	PE	PF
1.66667 cm	5.83 cm	4.43 cm	4.43 cm

注：单位为cm

移动 复位 　　返回题目

总结

PE=EF

PF=EF

PE=PF

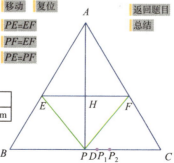

（2）变"△PEF 的面积存在最大值"为"△PEF 的面积为 5 cm²".

是否存在某一时刻 t，使△PEF 的面积为 5cm²？若存在，请求出此时刻 t 的值；若不存在，请说明理由.

分析：此变式建立在第②问的基础上，一元二次方程求出两个解，学生可以根据变量 t 的取值范围进行取舍，但是学生不容易直观想象. 如下图所示，利用几何画板将几何图形的变化与函数充分结合，更能有效地体现数形结合思想.

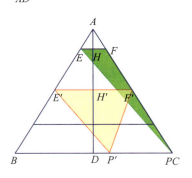
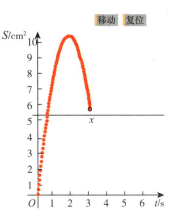

再进行本题的小结：

① 动点问题：找出动的点以及不动的点，发现规律，以不动求动.

② 最值问题：找出函数表达式，利用二次函数的特征求最大值和最小值，并且注意自变量的取值范围.

③ 分类讨论思想：找出分类的依据，做到不重不漏.

④ 利用勾股定理、解方程和相似三角形求取未知的量.

以该中考题为例，将几何画板应用于动态几何习题教学，突破了几何教学的难点，也能有效地进行变式教学，大大地提高了教学效率.

二、信息技术融合于动态几何教学的几点思考

1. 立足传统，胜于传统

传统的几何教学，教师演示的图形都是静态的，不能将图形的任意位置展示给学生，学生在解题时，由于图形位置变化，或位置关系复杂，变得茫然不

知所措；学生和教师只能在画的图上进行分析观察，有限的几个图形的教学手段，并不能取得良好的效果，因为缺乏动感图形变化给学生对事物本质的深刻理解和认识带来了障碍，对数形结合思想的充分展示产生了制约．与此相比，动态几何是高层次的数学创新能力培养方式．

2. 积极增值，提升水平

（1）教师对信息技术软件相关知识的提高．教师应该从自身做起，积极进行自我增值，掌握更多关于信息技术多媒体软件促进课堂教学的技能．

（2）优秀信息技术教学案例的开发．教师既是实践者又是研究者，教师应掌握学科课程开发、设计、实施和评估的多种方法，具有充分利用各种课程资源进行课程设计开发的能力．

3. 突出思维，注重实效

建构基于信息技术环境的新型教育模式时，要在适当的时机，不能一开始就直接动态演示给学生看，阻碍学生空间想象能力、动态思维的发展，要让学生进行充分的思考和探究，在学生无法突破的情况下，方能使用信息技术介入教学，有效地突破难点的同时，培养学生的动态思维．在新知识的学习中，信息技术只是提供了一个便于认识和研究新知识的途径，但不能全部代替演绎几何，因此，教师在教学中仍然要做到传统教学和现代化教学的有效配合．

三、小结

几何画板为教师和学生提供了一个探索新知的环境，它除了可以在课堂上辅助教师授课外，还可以作为学生参与数学实验的工具．几何画板操作简便易学，学生可以借助几何画板自行制作解决问题的环境，任意拖动图形、观察、猜想、验证，进而发现问题和解决问题．教师对于不同的数学难题，都可以利用几何画板进行分析、演示．几何画板具有严谨的作图程序、强大的作图和计算功能，能够帮助学生更直观地理解问题．

数学课堂应该是学生自主探索的过程，把动态几何问题当作一个待解决的问题，学生可借助几何画板软件，在教师的帮助下实验探究，解决问题，这才是真正的"做数学"．

参考文献

［1］中华人民共和国教育部．义务教育数学课程标准（2011 年版）［M］．
    北京：北京师范大学出版社，2012.

［2］张文梅．几何画板对初中学生几何动态问题解决的有效性探索［D］．
    上海：华东师范大学，2010.

［3］张景中，彭翕成．三款数学教育软件的比较与设计思想分析［J］．中
    国电化教育，2010（1）：107 – 113.

［4］广东省教育考试院．广东省 2014 年中考数学试卷［M］．广州：广东
    教育出版社，2014.

［5］顾桂新．运用几何画板动态解析中考数学动态问题［D］．广州：广
    州大学，2012.

HPM 在初中数学深度教学中的应用

——以《第一次数学危机》活动课教学为例

东莞外国语学校　尹佩芬

一、问题背景的提出

1972 年，数学史与数学教学关系国际研究小组（简称 HPM）成立，它标志着数学史与数学教育关系作为一个学术领域的出现，数学家们已认识到数学史对数学教育的重要意义，数学史已经引起了国内外数学教育领域的广泛关注．HPM 的最重要价值就在于它可以充分揭示数学知识的来龙去脉，为教材地位与作用分析提供清晰的框架．事实上，数学史就如同一个坐标系，它可以为分析者准确了解学习者的认知结构，在数学史中所处的地位提供参照．

《义务教育数学课程标准（2011 年版)》较为明确地指出数学文化在教材中渗透的作用，包括"帮助学生了解在人类文明发展中数学的作用，激发学习数学的兴趣，感受数学家治学的严谨，欣赏数学的优美"．数学文化在教材编写中的作用更多地看重对学生发展的价值．

在数学教学中，如果个体数学理解的发展遵循数学思想的历史发展顺序，学生在认知上会重蹈历史的覆辙，因此本文以《第一次数学危机》活动课教学为例，通过重建实数史，从而让学生明晰实数的概念，阐述 HPM 在初中数学深度教学中的应用．

二、借助 HPM 的《第一次数学危机》教学深度分析和重构过程

1. 实数的发展史与人教版数学教材编制顺序比较

（1）实数的发展史大体上可分为"万物皆数"学说、$\sqrt{2}$ 的发现历程与第一

次数学危机、无理数的产生三个阶段.

公元前 6 世纪古希腊时期的毕达哥拉斯是非常著名的哲学家、数学家、天文学家，他背后还有一个学派，叫作毕达哥拉斯学派，这是一个致力于研究哲学与数学的宗教组织，一直以来，在西方数学界占据主导地位.毕达哥拉斯证明了勾股定理，即以直角三角形两直角边为边长的正方形的面积之和等于以斜边为边长的正方形的面积，所以西方称为毕达哥拉斯定理.

毕达哥拉斯学派宣称"万物皆数"，但是这个"数"局限于整数和分数，即有理数.

公元前 5 世纪左右，毕达哥拉斯学派的希帕索斯发现：边长为 1 的等腰直角三角形的斜边长既不是整数，也不是分数.新发现的数由于与之前的万物皆"数"学说中的"数"——有理数相悖，引发了历史上的第一次数学危机.希帕索斯正是因为这一数学发现，而被毕达哥拉斯学派的人投进大海而被淹死.

希帕索斯的发现第一次向人们揭示了有理数系的缺陷，两个不可通约的比值也一直被认为是不可理喻的数.15 世纪，意大利著名画家达·芬奇称之为"无理的数".17 世纪，德国天文学家开普勒将其称之为"不可名状"的数.

由无理数引发的数学危机一直延续到 19 世纪下半叶.1872 年，德国数学家戴德金用有理数的"分割"来定义无理数，从而结束了无理数被认为"无理"的时代，也结束了持续 2000 多年的第一次数学危机.随着人类不断攀登真理的巅峰，这场危机反而促进了数学的发展，使得原来的有理数系扩充到了实数系.

（2）实数相关知识在人教版数学教材中的编制顺序.

① 人教版七年级上册《有理数》一章，有理数的概念，即整数和分数统称为有理数，与历史上毕达哥拉斯学派宣称的"万物皆数"学说中的"数"是对应的.

② 人教版七年级下册《实数》一章，实数的概念，经历从有理数系到实数系的扩充.

③ 人教版八年级下《勾股定理》一章，勾股定理，即直角三角形的两条直角边的平方和等于斜边的平方.

2. 如何借助 HPM 重构《第一次数学危机》的教学

借助 HPM，是不是意味着教学必须按照知识的发展顺序来进行呢？荷兰著名数学教育家弗赖登塔尔指出："我们不应该完全遵循发明者的历史足迹，而应是经过改良，同时有更好引导的历史过程."借助 HPM 的初中数学教学是指将数学史有机地融入数学教学，再现数学知识被发现、证明及应用的过程. 在具体操作中，教育者应设置恰当的教学设计，将学生置于数学知识产生前的水平，指导学生进行数学知识的"再创造""再整合".

由实数的发展史与人教版数学教材编制顺序的比较可知，教材中知识编排的顺序与实数史发展的历史顺序不一致. 虽然如此，但是笔者认为教材的"再创造"是立足学生的"最近发展区"的，是以生为本的，主要体现在以下几个方面：

（1）将勾股定理置于实数后教学，考虑到学生学习完无理数后，有足够的"数"对勾股定理进行应用.

（2）学生尚未学习勾股定理，如何体现 $\sqrt{2}$ 这个新数的出现，如何表示 $\sqrt{2}$ 有多长？教材的处理方式是通过动手拼一拼，用两个面积为 $1\,\text{dm}^2$ 的小正方形拼成一个面积为 $2\,\text{dm}^2$ 的大正方形，来说明直角边长为 1 的等腰直角三角形的斜边长就是 $\sqrt{2}$，符合学生的认知发展规律.

（3）如何体现无理数是两个不可通约的比值？教材以阅读材料的形式向学生展示如何证明 $\sqrt{2}$ 不是有理数，培养学生的逻辑推理能力以及严谨的数学精神.

3. 借助 HPM 的《第一次数学危机》进行教学设计

学生已经学习了有理数、无理数、实数等有关概念，初步掌握了实数的分类，具有一定的分析问题和解决问题的能力. 学生对实数的分类仍然存在概念混淆的问题，对实数的认识局限于机械的分类，缺乏对其背后逻辑顺序及数学背景由来的认识. 课本中如何证明 $\sqrt{2}$ 不是有理数，首次涉及反证法，对学生来说很陌生，理解上存在困难. 因此，本节课想达到的目的一是重建实数史，从而让学生明晰实数的概念；二是在数学史故事中进行德育渗透.

本节可以安排在《实数》章节学习之后，本节课是一节数学史活动教学课. 无理数是《实数》一章的重要概念之一，正确辨别有理数和无理数是本章的重难点，教材 P58 的"阅读与思考"给出了 $\sqrt{2}$ 不是有理数的证明思路，循着无理数产生的历史背景，能更有效、全面地梳理实数的相关概念. 基于以上对教材的分析和第一次数学危机的历史背景，确立了本节课的教学内容为毕达哥拉斯学派的"万物皆数"学说与有理数的概念、$\sqrt{2}$ 的发现历程与第一次数学危机、无理数与实数的概念、如何证明$\sqrt{2}$不是有理数、$\sqrt{2}$的几何意义、第一次数学危机故事的思考．因此，第一次数学危机故事的历史重建是本节课的明线，而实数史及实数的概念则是一条暗线，两条线相辅相成，共同演绎一节趣味数学课．

（1）创设情境，导入新课．

教师向学生介绍毕达哥拉斯学派及"万物皆数"学说：

巧设提问，提高学生的积极性，介绍毕达哥拉斯学派有趣的事迹，吸引学生进入课堂．

问题1　同学们知道有什么危机吗？

问题2　同学们认识哪些数学家？

问题3　同学们通过课前查阅资料，知道第一次数学危机与哪位数学家有关吗？

毕达哥拉斯是古希腊非常著名的哲学家、数学家、天文学家，他不仅自己非常厉害，他背后还有一个学派，叫作毕达哥拉斯学派，这是一个致力于研究哲学与数学的宗教组织．毕达哥拉斯学派是一个神奇的学派，它有很多帮规，如他们是允许妇女来听课的，我们知道当时妇女社会地位不高，所以这还是非常难得的；还有他们崇尚素食主义，非常有趣的一条是他们认为吃豆子是罪恶的，因为他们有一个说法，那就是人死了之后灵魂是在豆子里的，所以他们不吃豆子……

教师向学生重建第一次数学危机的历史过程：

毕达哥拉斯学派有一个非常重要也非常著名的学说就是"万物皆数"学说．学派宣称数是宇宙万物的本原，他们从一个苹果、两个苹果、三个苹果、四个苹果、五个苹果抽象出了1，2，3，4，5这些整数．一罐蜜糖的一半可以用分数$\frac{1}{2}$表示，再一半可以用分数$\frac{1}{4}$表示，这在今天看来是很平常的事，但在当时的哲学和数学界，这算是一个巨大的进步，学派认为"万物皆数"．

问题4　但是他们所说的这个数是指整数，同时包括两个互质整数的比，也就是分数，而这些数就是我们今天说的什么数？

整数和分数统称为有理数．因为有理数可以表示世间万物的一切东西，"万物皆数"这个学说在当时有很高的社会地位，所以他们认为自己的这个学说简直完美．

而直到有一天，学派内部在爱琴海上泛舟，他们在赞美毕达哥拉斯和数的伟大，有一个人，他的名字叫希帕索斯，他说并不是万物皆数．希帕索斯说："那我问你，面积为 2 的正方形的边长是多少?"众人想了想，一阵沉默．

问题 5　同学们，你们知道面积为 2 的正方形的边长是多少吗?

我们今天知道面积为 2 的正方形的边长就是 $\sqrt{2}$，但是这个边长既不是整数，也不是分数，不能写成两个整数之比．在那个时候，毕达哥拉斯学派认为万物皆整数或者分数，面积为 2 的正方形的边长并不是他们所说的数，他们竟然找不到一个数可以表示这个边长．他们认为，希帕索斯提出的这个想法简直要动摇他们在学术界的统治地位．学员们抓住他，扔进了爱琴海．这个不能表示成整数及整数之比的新数的出现，引发了历史上的第一次数学危机．

问题 6　同学们，故事讲到这里，你支持谁呢?

教师向学生梳理实数的概念及其分类：

回顾本学期学习的内容，像 $c^2 = 2$ 这样的数 c，和其他一些既不是整数，也不能表示成整数比的数，称为无理数．c 用符号表示为 $\sqrt{2}$．之前毕达哥拉斯所认为的宇宙全部的数（整数和分数），称为有理数．像 $\sqrt{2}$ 这样的不能表示成整数或者整数之比的数，也就是无限不循环小数，叫作无理数．有理数和无理数统称为实数．因此第一次数学危机使得由原来的有理数系扩充到了实数系，而 $\sqrt{2}$ 则是被发现的第一个无理数．

（2）开展数学活动．

活动 1　阅读课本 P58 材料：《如何证明 $\sqrt{2}$ 不是有理数》．学生上台阐述推理思路．

假设 $\sqrt{2}$ 能成整数比，则有两个正整数 m 和 n，使 $\sqrt{2} = \dfrac{n}{m}$，不妨设 m，n 互质（最简分数）．

两边同时平方得 $2m^2 = n^2$，由此可得 n^2 是偶数．

∵ 偶数的平方是偶数，奇数的平方是奇数．

∴ n 是偶数．

可以设 $n = 2s$，代入 $2m^2 = n^2$，得 $2m^2 = 4s^2$，即 $m^2 = 2s^2$．由此可得 m 是偶数．

∴ n 是偶数，m 也是偶数，即 m 和 n 不互质．

这与"假设 $\sqrt{2}$ 不能再约分"矛盾．所以假设不成立，因此 $\sqrt{2}$ 不能表示成整数比.

活动2 动手拼一拼：用卡纸剪拼，试着用两个面积为1dm²的小正方形拼成一个面积为2dm²的大正方形，并小组上台分享方法.（教材P41"探究"）

学生活动：以四人小组为单位，动手操作.

分享成果：

小组1：

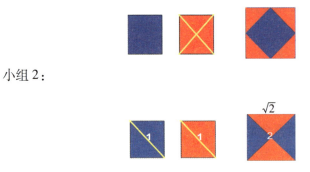

小组2：

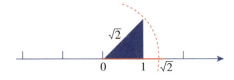

......

让学生明白直角边长为1的等腰直角三角形的斜边长就是$\sqrt{2}$，为后续学习在数轴上画$\sqrt{2}$做铺垫. 这里既培养了学生的独立思考能力，也培养了学生的团队合作意识.

活动3 动手画一画：$\sqrt{2}$有多长？请在数轴上表示$\sqrt{2}$.（教材P54"探究"）

通过在数轴上表示$\sqrt{2}$，使学生对$\sqrt{2}$的几何意义有更深刻的认识，教给学生数形结合的思想方法，同时引导学生得出数轴上的点与实数一一对应的结论.

活动4 数学欣赏：诗歌——孤独的根号3.

教师引导学生解读关键词："希望自己是一个九""残酷的厄运""无休无止""砸碎命运的枷锁". 数学是美的，用一首诗歌《孤独的根号3》为课堂画上句号，利用诗歌向学生解读无理数的无限不循环、开方开不尽、相乘可以有理化等性质，陶冶学生情操，使学生能在课堂上张扬个性，在感悟中将知识内化为自己的经验、能力和素质.

活动5 总结分享感悟：第一次数学危机故事的思考.

无理数的产生解决了第一次数学危机，从这个危机中，我们知道"科学是没有止境的". 数学发展史上有三次数学危机，也恰恰是这三次危机，引发了数学上的三次思想解放，大大推动了数学科学的发展. 危机往往是数学发展的先导，而在这个过程中我们应本着求真求实的精神不断探究才能促进科学的发展.

引导学生思考危机故事背后的德育元素，在课堂上渗透数学文化，彰显数学文化魅力，开阔学生的视野，培养学生求真求实的科学探究精神.

三、对借助 HPM 的初中数学深度教学的进一步思考和建议

经过本次将数学史融入初中数学深度教学的实践，笔者深刻体会到过程的不容易，这样的实践对课前备课时大量收集历史材料有很高的要求. 同时笔者从中发现数学史料是数学课堂教学的一大宝藏，教师可以从中充分挖掘其教学元素，这将对学生数学核心素养的提升起到极大的推动作用.

基于此次教学实践和思考，笔者有以下几点建议：

（1）教师要善于优化数学史料的资源，学会将历史材料再创造、再整合，使其贴合教材内容以及学生的认知规律，将其有机地融入数学教学，再现数学知识被发现、证明及应用的过程.

（2）注重课堂形式的多样性，在组织多元化的 HPM 课堂中充分挖掘数学史的德育元素，渗透数学文化，激发学生的学习兴趣，开阔学生的视野，培养学生求真务实的科学探究精神.

（3）注重课堂的延续性. 数学史融入数学课堂，仅仅靠课堂的 40 分钟是远远不够的，教师要引导学生通过查阅书籍和使用信息技术，在课余时间拓展学习，引导学生自主学习和独立创造，进一步提升学生相关的数学核心素养.

参考文献

［1］李海燕.HPM 在高中数学深度教学中的应用——以"对数与对数运算"教学为例［J］. 中学数学研究（华南师范大学）：下半月，2020（2）：22－24.

［2］崔静静. 对数定义的教学研究［D］. 成都：四川师范大学，2019.

［3］柳俊雅. HPM 微课在初中数学教学中的应用研究［D］. 武汉：华中师范大学，2018.

［4］陈朝东，李欣莲，王利. 义务教育数学课程标准对数学史的定位与思考［J］. 教育导刊，2016（4）：53－56.

［5］郭龙先，刘承萍. 无限性问题的数学解析［J］. 昭通学院学报，2015，37（5）：1－7，12.

第二篇

校本课程

2

初一"趣味数学"校本课程

亲爱的同学们，欢迎来到"趣味数学"的世界.

《义务数学课程标准（2011年版）》指出："数学可以帮助人们更好地探求客观世界的规律，并对现代社会中大量纷繁复杂的信息做出恰当的选择和判断，进而解决问题，直接为社会创造价值."随着与计算机技术的结合，数学已经渗透到人类社会的各个领域，在我们的生活、学习、工作乃至娱乐中，数学的作用与日俱增，生活中的数学无处不在.

数学体现人类的智慧，"24点游戏""谜语中的数学""数独"，通过游戏的形式让你了解数学并不是枯燥的，真正的数学是乐趣无穷的.

数学是一门逻辑性很强的学科.数学是锻炼思维的体操，学习数学能让你更合乎逻辑、更有条理、更严密、更精确、更深入地解决问题，能增强你的好奇心、想象力和创造力，有助于提高你的学习能力.然而人们总是把数学与枯燥联系在一起.实质上，数学是一门艺术，你们可以在学习数学的过程中感受数学的艺术性."探究规律"通过简单的逻辑推理，会让你体验数学的艺术性，培养推理能力.

数学通古达今，博大精深．"数学家的故事"，让你通过了解数学家的生平事迹，带着敬仰和崇拜的心情了解有趣而又神奇的数学问题，如华罗庚的"统筹方法"、哥德巴赫猜想、费马定理、高斯定理等．

数学图形的美无处不在．数学中的图形多种多样，千姿百态，精彩纷呈．"视觉错觉"让你知道眼见不一定为实．"神奇的莫比乌斯圈""数学欣赏""黄金分割"让你欣赏到几何图形带来的美感．"趣味折纸（一）"解决在折纸过程中发现的一些数学之谜，已经发展成为现代几何学的一个分支．"一笔画"，一笔可以画完一个图形，写完一个字．"火柴棒游戏"移动火柴棒，可以进行算式的变化以及几何图形的变化，产生许多数学游戏．

同学们，你们正处在学习数学的最佳时期，学好数学将会终身受益．未来的世界等待你们去建设，科学的高峰等待你们去攀登，预祝你们在新的学习征途上不断奋进！

第一课　数学家的故事

著名数学家的生平故事一直激励着我们前进，现在就让我们一起来了解一些著名数学家的生平故事吧！

思考

你听说过哪些数学家的名字和他在数学方面的贡献呢？

华罗庚（1910 年 11 月 12 日—1985 年 6 月 12 日）是世界著名数学家，中国解析数论、矩阵几何学、典型群、自守函数论等多方面研究的创始人和开拓者．在国际上以华氏命名的数学科研成果有"华氏定理""华氏不等式""华氏算子""华—王方法"等．他为中国数学的发展做出了举世瞩目的贡献．美国著名数学家贝特曼著文称："华罗庚是中国的爱因斯坦，足够成为全世界所有著名科学院院士"．华罗庚被列为芝加哥科学技术博物馆中当今世界 88 位数学伟人之一．

华罗庚的故事

中学毕业后，华罗庚因交不起学费被迫失学．回到家乡，他一边帮父亲干活，一边继续顽强地读书自学．不久，他身染伤寒，左腿瘸了．当时，他只有 19 岁，在那段迷茫、困惑，近似绝望的日子里，他想起了失去双腿后著兵法的孙膑："古人尚能身残志不残，我才只有 19 岁，更没理由自暴自弃，我要用健全的头脑，代替不健全的双腿！"青年华罗庚就是这样顽强地和命运抗争．白天，他拖着病腿，忍着关节剧烈的疼痛，拄着拐杖一颠一颠地干活；晚上，他在油灯下自学到深夜．

1930 年，他的论文在《科学》杂志上发表，这篇论文惊动了清华大学数学系主任熊庆来教授．之后，清华大学聘请华罗庚当助理员．在名家云集的清华园，华罗庚一边做助理员的工作，一边在数学系旁听，还用 4 年时间自学了英文、德文、法文，发表了 10 篇论文.

25 岁时，华罗庚已是蜚声国际的青年学者了.

宇宙之大，粒子之微，火箭之速，化工之巧，地球之变，生物之谜，日用之繁，数学无处不用数学.

——华罗庚

陈景润（1933—1996 年），福建福州人，1953 年毕业于厦门大学数学系，中国科学院数学研究所研究员，主要从事解析数论方面的研究，并在哥德巴赫猜想研究方面获得国际领先的成果.

200 多年前，有一位德国数学家名叫哥德巴赫，他发现，每一个不小于 6 的偶数，都可以写成两个质数（只能被 1 和它本身整除的数）的和，简称"1 + 1"．例如，6 = 3 + 3，8 = 3 + 5，12 = 5 + 7，1000 = 3 + 997……1742 年 6 月 7 日，哥德巴赫写信给当时的大数学家欧拉，提出了以下猜想：

（1）任何一个大于等于 6 的偶数，都可以表示成两个奇质数之和.

（2）任何一个大于等于 9 的奇数，都可以表示成三个奇质数之和.

皮埃尔·德·费马

皮埃尔·德·费马，法国律师和业余数学家．他在数学上的成就不比职业数学家差，他似乎对数论最感兴趣，也对现代微积分的建立有所贡献，被誉为"业余数学家之王".

你听过费马大定理吗？如果知道，请分享给同学们.

高斯（Gauss，1777 年 4 月 30 日—1855 年 2 月 23 日），生于不伦瑞克，卒于哥廷根，德国著名数学家、物理学家、天文学家、大地测量学家.

高斯

高斯的成就遍及数学的各个领域，在数论、非欧几何、微分几何、超几何级数、复变函数论以及椭圆函数论等方面均有开创性贡献．他十分注重数学的应用，并且在对天文学、大地测量学和磁学的研究中也偏重于用数学方法进行研究．

$1 + 2 + 3 + \cdots + 99 + 100 = ?$

练习

计算：

（1）$1 + 2 + 3 + \cdots + n$.

（2）$2 + 4 + 6 + \cdots + 98 + 100$.

（3）$2 + 4 + 6 + \cdots + (2n - 2) + 2n$.

第二课　24 点游戏

"24 点游戏"是一种数学游戏，游戏方式简单易学，能健脑益智，是一项极为有益的益智活动．

规则：给出 4 个数，所给数字均为有理数，用加、减、乘、除（可加括号）列出算式，结果为 24，每个数必须用一次且只能用一次．

例1 用3、8、8、9四个数进行24点游戏.

解法1：（9－8）×8×3.

解法2：3×8÷（9－8）.

解法3：（9－8÷8）×3.

思考

"24点游戏"有哪些技巧呢?

（1）利用3×8＝24、4×6＝24、2×12＝24求解，即设法把4个数凑成3和8、4和6、2和12，再相乘求解．实践证明，这种方法是利用率最大、命中率最高的一种方法．

（2）利用0、11的运算特性求解，如3×8＋4－4＝24、11×（5－4）＋13＝24等.

归纳

常用的六种公式：

① （a－b）×（c＋d）；　　② （a＋b）÷c×d；　　③ （a－b÷c）×d；

④ （a＋b－c）×d；　　　⑤a×b＋c－d；　　　　⑥ （a－b）×c＋d.

例2 一副牌中抽去大小王剩下52张（如果初练也可只用1～10这40张牌．为了方便计算，J、Q、K表示11、12、13），任意抽取4张牌（称牌组），每张牌必须用一次且只能用一次.

（1）2、2、3、Q；（2）1、3、10、J.

解：（1）（3－2÷2）×12＝24.　（2）11×3＋1－10＝24.

练习

24点计算：

（1）3　　3　　8　　8

（2）1　　5　　5　　5

（3）5　　7　　9　　10

（4）3　　8　　8　　10

第三课　谜语中的数学

　　数学是一门博大精深的科目，数学的知识有很多，而且比较抽象，将数学知识转变为更加形象化的谜语，更容易理解和掌握．

　　数学谜语的分类：成语猜数字、数字猜成语、生活用语猜数学名词、数字猜汉字等．

　　（1）成语猜数字．

　　例1　一分为二——1/2　　　　　　　百里挑一——1/100

　　一成不变——$1 \times 1 = 1$　　　　　合二为一——二分之二

　　（2）数字猜成语．

　　例2　0000——万无一失　　　　　1的任何次方不变量——始终如一

　　$40 \div 6$——四舍五入　　　　　　　1:1——平分秋色

　　二十四小时——一朝一夕　　　　　7/2——不三不四

　　12345609——七零八落　　　　　23456789——缺衣少食

　　$1000 \times 1000 = 100 \times 100 \times 100$——千方百计

　　一、二、五、六——丢三落四

　　（3）猜数学名词．

　　例3　一笔债务——负数　　大同小异——近似　　从后面算起——倒数

　　替人查账——代数　　全部消灭——除尽（整除）　　"员"——圆心

练习

　　根据数字猜成语或根据汉字猜数学名词．

　　（1）五四三二一　　（2）缺了会计　　（3）重判

　　（4）轻判　　　　　（5）车站告示　　（6）背着喇叭

　　（7）333555　　　（8）510　　　　（9）9寸 +1寸 =1尺

　　（10）$0 + 0 = 1$

第四课　趣味算术

数和数之间有不同的关系，为了计算这些数，就产生了加、减、乘、除的方法，这四种方法就是四则运算.

把数和数的性质、数和数之间的四则运算在应用过程根据的经验累积起来，并加以整理，就形成了最古老的一门数学——算术.

探究

下面的甲、乙两组数，甲：3、6、7，乙：2、3、9，用甲中的某一个数和乙中的某一个数组成一个两位数，每一组数甲、乙两组数必须全部用上，不能重复. 每次总共可以组成三个两位数，如 32、63、79.

（1）求第一组的平方和.

（2）把这些两位数的个位数与十位数互换，再求平方和，你发现了什么？

通过计算我们可以发现，第一组数的平方和与交换之后的三个数的平方和相等，这样的两组数我们称之为趣味平方数.

探究

这里有一个算式：12345679 ×（　　）= ？你喜欢数字几？我就可以使得数全是这个数，信不信？我们不妨试试.

"缺 8 数"是指在自然数 12345679 中没有 8，它有非常多奇妙的性质. 比如，"缺 8 数"在乘 1 至 81 中的 9 的倍数时可以得到"清一色"的数. 那是因为 $12345679 \times 9 = 111111111$，当一个乘数不变时，得数要什么数字只要扩大另一个乘数的倍数就可以了.

思考

"缺 8 数"还有哪些神奇之处？

"缺 8 数"乘 3 的倍数但不是 9 的倍数的数（12 起），可以得到"三位一体"的数，如：

$12345679 \times 12 = 148148148$

$12345679 \times 15 = 185185185$

$12345679 \times 21 = 259259259$

进而可以推算以下式子：

$12345679 \times 33 = 407407407$

$12345679 \times 51 = 629629629$

$12345679 \times 78 = 962962962$

探究

请任意想一个自然数，如果它是偶数，就除以 2，如果它是奇数，就将它乘 3 再加 1，一直按这个规律算下去，会出现什么结果呢？

例如，58（$58 \div 2 =$ ）→29（$29 \times 3 + 1 =$ ）→88→44→22→11→34→17→52→26→13→40→20→10→5→16→8→4→2→1→4→2→1…

目前，虽然人们经过检验，在 109951162776 之内的数，按上面计算都是 4、2、1 的循环，但却未能对此做出数学上的严格证明，因此，只能称它是一个猜想．这一猜想是由日本学者角谷静夫首先提出的，所以人们也叫它"角谷猜想"（也称为数学黑洞）．

数学的美包括对称美、简洁美、统一美和奇异美．一个既有趣又可爱的方法可以看到"数学之美"以及"神"的神奇总和，让我们来欣赏．

例如：

$$1 \times 8 + 1 = 9$$

$$12 \times 8 + 2 = 98$$

$$123 \times 8 + 3 = 987$$

$$1234 \times 8 + 4 = 9876$$

$$12345 \times 8 + 5 = 98765$$

$$123456 \times 8 + 6 = 987654$$

$$1234567 \times 8 + 7 = 9876543$$

$$12345678 \times 8 + 8 = 98765432$$

$$123456789 \times 8 + 9 = 987654321$$

$$1 \times 9 + 2 = 11$$

$$12 \times 9 + 3 = 111$$

$$123 \times 9 + 4 = 1111$$

$$1234 \times 9 + 5 = 11111$$

$$12345 \times 9 + 6 = 111111$$

$$123456 \times 9 + 7 = 1111111$$

$$1234567 \times 9 + 8 = 11111111$$

$$12345678 \times 9 + 9 = 111111111$$

$$123456789 \times 9 + 10 = 1111111111$$

$$9 \times 9 + 7 = 88$$

$$98 \times 9 + 6 = 888$$

$$987 \times 9 + 5 = 8888$$

$$9876 \times 9 + 4 = 88888$$

$$98765 \times 9 + 3 = 888888$$

$$987654 \times 9 + 2 = 8888888$$

$$9876543 \times 9 + 1 = 88888888$$

$$98765432 \times 9 + 0 = 888888888$$

又如下面这个对称式:

$$1 \times 1 = 1$$

$$11 \times 11 = 121$$

$$111 \times 111 = 12321$$

$$1111 \times 1111 = 1234321$$

$$11111 \times 11111 = 123454321$$

$$111111 \times 111111 = 12345654321$$

$$1111111 \times 1111111 = 1234567654321$$

$$11111111 \times 11111111 = 123456787654321$$

$$111111111 \times 111111111 = 12345678987654321$$

由于计算机科学的蓬勃发展,人们越来越不满足于泛泛的几条性质,而更着眼于探索其精微结构.

第五课　数　独

　　数独是一种以数字为表现形式的益智休闲游戏，起源于中国数千年前的《河图》《洛书》. 而"数独"（sudoku）一词源于日本，意思是"只出现一次的数字".

　　玩"数独"游戏，无须掌握任何一门特定的语言，事实上，从技术的角度来说，你甚至连数数都不用会. 你所要做的就是将 1 到 9 这 9 个数字按一定秩序填入每行、每列、每个小九宫格内，要求每个数字只能出现一次，不重复. 每一道合格的数独谜题都有且仅有唯一答案，推理方法也以此为基础，任何无解或多解的题目都是不合格的. 我们来看下面这个初级"数独".

			6				7	
7			1	4	5	6		
2			B	C	3		4	
		1	3			8		D
	6	A		8			9	
		9			7	5		
	7		8					6
		2	7	5	4			8
	5				1			

　　一开始做"数独"题，你可以凭猜测，但是如果有一步猜错，你就会陷入僵局. 运用逻辑和推理找出每个数字的确切位置会有更大的乐趣.

　　先来看看最左边 3 个九宫格中的数字 7. 左上角的小九宫格和左下角的小九宫格中都有 7，中间的没有. 左上角的小九宫格的 7 也是第一列的 7，左下角小九宫格中的 7 也是第二列的 7. 所以中间小九宫格的 7 不可能在第一列和第二列，只能在第三列. 而在中间小九宫格中，第三列已经有两个数字了. 所以事实上只剩下一个空格，而这个空格（标有 A）就是唯一可以放置 7 的地方.

我们再来看看最上面 3 个小九宫格中的数字 7. 左边的小九宫格中有一个 7，右边的也有，但是中间的没有. 右边小九宫格的 7 代表第一行的 7，左边小九宫格中的 7 代表第二行的 7，所以第三行的 7 只能位于方格 B 或 C 中.

接着我们换一个方向来考虑. 从正中央的小九宫格往下看，我们可以看到中间小九宫格中有一个 7，处于第六列. 最底层中间的小九宫格中也有一个 7，处于第四列. 因为每一列中每个数字只能出现一次，所以可以推断出在最上面中间的小九宫格中，数字 7 不可能在方格 B 中，而只能出现在方格 C 中.

所填入的数字又可以成为你进一步做题的提示. 例如，再看刚填入方格 A 中的 7，如果你喜欢，可将这个数字填进空格，使其更加清晰. 运用排除法，你一定能够推断出中间一组（横向）最右边的小九宫格中 7 的位置. 也许那就是方格 D.

例 标准数独：在空格内填入数字 1~9，使得每行、每列、每宫都是数字 1~9.

			8	3				2
5	7			1				
			5		9		6	4
7		4			8	5	9	
		3		1		4		
	5	1	4			3		6
3	6		7		4			
			6				7	9
8				5	2			3

1	4	9	8	3	6	7	5	2
5	7	6	2	4	1	9	3	8
2	3	8	5	7	9	1	6	4
7	2	4	3	6	8	5	9	1
6	8	3	9	1	5	4	2	7
9	5	1	4	2	7	3	8	6
3	6	2	7	9	4	8	1	5
4	1	5	6	8	3	2	7	9
8	9	7	1	5	2	6	4	3

练习

	8	5				2	1	
	9	4		1	2			3
			3			7	5	
5		3	4		9			
	4		2		6		3	
			1		3	9		7
6		8			5			
1			8	4		3	6	
	2	7				8	9	

第六课 一笔画

"一笔画"是一种有趣的数学游戏，那么什么样的图形可以一笔画成呢？试一试，画一画，发挥你的想象力，发现"一笔画"的规律．

"一笔画"是指笔不离开纸，而且每条线都只画一次不准重复而画成的图形．

思考

你能用一笔画出下列图形吗？

相信学完本节课，你一定可以画出来．

我们知道，两条相交的直线处有一个交点．

思考

数一数下列图形各有几个交点？

 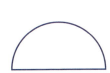 

交点分为两种：

（1）从这点出发的线的数目是单数的，叫单数点（奇点）．如：

（2）从这点出发的线的数目是双数的，叫双数点（偶点）．如：

归纳

一个图形能否一笔画出，关键在于图中单数点的多少．

（1）凡是图形中没有单数点的一定可以一笔画成．

（2）凡是图形中只有两个单数点的一定可以一笔画成．画时必须以一个单数点为起点．

（3）图形中单数点的个数多于两个时，此图肯定是不能一笔画成的．

例 下列哪些图形能一笔画出来，哪些不能？

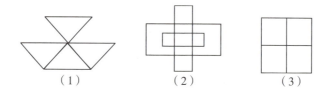

（1）　　　　　（2）　　　　　（3）

解：图（1）中只有两个单数点，所以可以一笔画出．

图（2）中，没有单数点，所以也可以一笔画出．

图（3）中，单数点多于两个，所以不能一笔画出．

探究

根据今天学习的知识，先判断下列图形能不能一笔画出，再想一想该从哪里开始画，最后动手画画看．

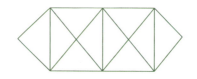

练习

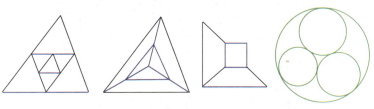

如上图所示，哪些图形能够一笔画出来，哪些不能？为什么？

第七课　火柴棒游戏

　　用火柴可以摆成美丽的图案；一些数字和运算符号还可以摆成几何图形和汉字；通过移动火柴，可以进行算式的变化以及几何图形的变化，产生许多数学游戏．这是广受大家喜欢的一项益智活动．

英国著名数学家哈代曾专门研究过火柴棒游戏，我国著名数学家陈景润也喜欢火柴棒游戏．

通过本节课的学习，相信大家也会喜欢火柴游戏，下面让我们一起走进火柴的世界吧！

例1 神奇的"田"字．

请你在"田"字上加上一根火柴棒，使其变成另一个字．如果去掉两根火柴棒呢？或是移动两根火柴棒呢？

思考

解：答案不唯一．加上一根火柴棒，如甲、由等．

去掉两根火柴棒，如曰、出等．

移动两根火柴棒，如白、且等．

探究

如上图所示有 5 个正方形，去掉几根火柴棒，能变成几个正方形？想想有多少种摆法．

例 2 会翻跟头的小鸟．

用 10 根火柴摆出小鸟向上飞的图形．现在只许你移动其中 3 根火柴，使小鸟翻个跟头，即头朝下．好好想想，应该怎么移动？

分析：抓住两个图形的结构特点，尽可能动最少的火柴．

解：下图即为所求．

例 3 请只移动一根火柴棒，使等式成立．

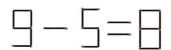

解法1：

$$9 - 9 = 0$$

解法2：

$$3 + 5 = 8$$

例4 请在式子里添上一根火柴棒，使等式成立．

$$80 \times 6 + 172 = 700$$

分析：左边结果652，右边是700，所以通过火柴棒的移动，使左边变大，右边变小．

解：

$$88 \times 6 + 172 = 700$$

练习

1. 请你只移动一根火柴棒，使等式成立．

$$12 - 18 = 6$$

2. 请你移动两根火柴棒，使等式成立．

$$55 \times 25 + 5 = 815$$

第八课　黄金分割

公元前4世纪，古希腊数学家欧多克索斯第一个系统研究了黄金分割这一问题，并建立起了比例理论．他认为，所谓黄金分割，指的是把长为 L 的线段分为两部分，使其中一部分对于全部之比，等于另一部分对于该部分之比．而计算黄金分割最简单的方法是计算斐波那契数列 1，1，2，3，5，8，13，21，…，从第三位起相邻两数之比，即 $\dfrac{2}{3}$，$\dfrac{3}{5}$，$\dfrac{5}{8}$，$\dfrac{8}{13}$，$\dfrac{13}{21}$，… 的近似值．

欣赏下面美丽的图片：

黄金分割的定义：

黄金分割是指将整体一分为二，较大部分与整体部分的比值等于较小部分与较大部分的比值，其比值约为 0.618. 这个比例被公认为最能引起美感的比例，因此被称为黄金分割.

如图下图所示，点 C 把线段 AB 分成两条线段 AC 和 BC，如果 $\dfrac{AC}{AB} = \dfrac{BC}{AC}$，那么称线段 AB 被点 C 黄金分割，点 C 叫作线段 AB 的黄金分割点，AC 与 AB 的比叫作黄金比.

$$\frac{AC}{AB} = \frac{BC}{AC} \approx 0.618$$

例 节目主持人通常不站在电视或者舞台的正中央，这样显得更合适. 如果一个舞台长 20 m，那么主持人从左侧走出来应站在什么位置比较合适？

解：设主持人从左侧走出来站在 x m 处

$$\frac{20-x}{20} = \frac{x}{20-x}$$

解得 $x \approx 7.6$

经检验，$x \approx 7.6$ 是原方程的解

答：主持人从左侧走出来应站在约 7.6 m 的位置比较合适．

探究

实践活动报告表：班级_____ 姓名_____

项目	结果
测量妈妈上半身长度（cm）	
测量妈妈下半身长度（cm）	
设妈妈穿 $x$cm 高的高跟鞋看起来最美，列出方程	
估算 x 的值（cm）	

探究

寻找身边的黄金分割，并分享给同学们．

练习

1. 填空题：如图所示，如果点 C 是线段 AB 的黄金分割点，那么有 $\dfrac{(\quad)}{(\quad)} = \dfrac{(\quad)}{(\quad)} \approx (\quad)$．

2. 从数学的观点，我们可以用黄金比例（0.618）来设计一把最富美感的扇子，如图所示．请问：

（1）$\dfrac{x}{360-x} = \dfrac{(\quad)}{(\quad)} \approx (\quad)$．

（2）张开角 x 约为（ ）度的纸扇才会最美．

练习

3. 计算题：已知线段 $AB = 10$，点 C 为线段 AB 的黄金分割点，求下列各式的值.

（1）$AC - BC$；　　　　（2）$AC \times BC$.

4. 如图所示，已知矩形 $ABCD$、$ADFE$ 是黄金矩形，若 $AB = 5$ cm，求 AD、AE 的长.（结果保留两位小数）

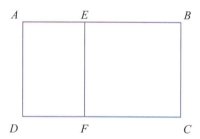

第九课　趣味折纸（一）——翻转万花筒

从 19 世纪开始，折纸在西方成了数学和科学研究的工具，解决在折纸过程中发现的一些数学之谜已经成为现代几何学的一个分支．任何一张纸都是一个几何图形，折叠后产生新的几何图形，组合后可称为几何体．这中间蕴含着数学、几何、测绘、造型等多学科、综合知识的运用．通过各种几何图形的折叠实践，可以领悟角等分和边等分是使用最为普遍的方法，也可发现折叠中常见的几种类型：线线重合折叠、点线重合折叠、点点重合折叠、沿对称轴折叠．

思考

为什么一般采用正方形作为折纸材料，你知道原因吗？

取一张正方形彩纸，先上下对折，再沿对角线对折，折痕如图（1）所示，将正方形彩纸的四个角与正方形的中心重合并对折，结果如图（2）所示．

用折纸方法折叠万花筒：

（1）　　　　　　　　　　（2）

将正方形彩纸展开，并将四个角对折如图（3）所示，对折后得到图（4）.

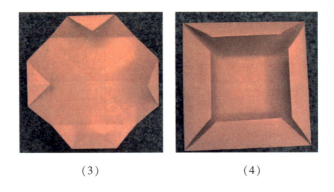

（3）　　　　　　　　　（4）

将正方形彩纸翻过来如图（5）所示，并将四个角按图（2）的方法对折得到图（6）.

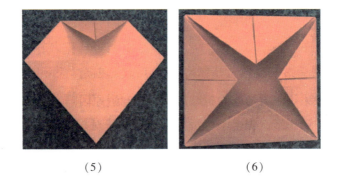

（5）　　　　　　　　　（6）

将正方形彩纸翻过来如图（7）所示，并将四个角按图（8）的方法拱起.

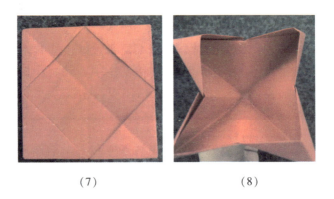

（7）　　　　　　　　　（8）

将若干个"小心心"重合并用固体胶黏起来，最后展开可得到图（10）.

（9）　　　　　　　　　　（10）

生活中无处不蕴含着数学知识．将数学寓于折纸之中，对数学的了解总会在折纸中提升人的动手能力和创造力．折叠纸张的时候，很自然地会出现许多几何的概念和代数概念，如正方形、矩形、直角三角形、全等、对角线、中点、内接、面积、梯形、垂直平分线，在每一次折纸时，用数学的眼光去观察，会发现折纸中包含着许许多多数学奥秘．折纸凭借着折叠时产生的几何形的连续变化而形成物象．折纸可启发我们的创造力和逻辑思维能力，更可促进手脑的协调．折纸还可以丰富我们的生活，使我们的生活变得更加绚烂多彩．

练习

1. 对自己的"翻转万花筒"进行创意加工．
2. 与家人一起分享折纸的快乐．

第十课　探究规律

人类是按照美的原则来构建世界的，这是人类生存的要求．令人惊奇的是，大自然中的动植物似乎先于人类更早地运用了美的原则来构建这个世界，自然总是让人大吃一惊．我们仔细看看自然界的各个领域，便会得出这样的结论：自然似乎懂得数学．自然界中的事物都是按照一定规律发展的，在数学中，数或图形有时也是按照一定规律排列的．

用火柴棒按下图的方式搭三角形．

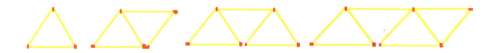

（1）填写下表：

三角形个数	1	2	3	4	5	6
火柴棒根数						

（2）照这样的规律搭下去，搭 n 个这样的三角形需要多少根火柴棒？

例1 按下图方式摆放餐桌和椅子．

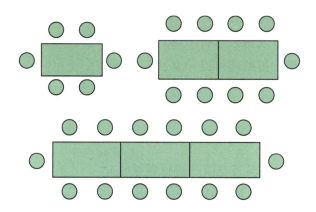

（1）1 张餐桌可坐_____人，2 张餐桌可坐_____人．

（2）按照上图的方式继续排列餐桌，完成下表：

桌子张数	1	2	3	4	5	…	n
可坐人数							

探究

我们曾经接触过"细胞分裂"问题：细胞每次都是从一个分裂成两个．试想一下，1 个细胞经过 n 次分裂，由 1 个能分裂成多少个？

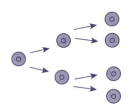

分裂次数	1	2	3	4	...	n
细胞个数						

例2 如下图所示，将一张长方形的纸对折可得到一条折痕．继续对折，对折时每次折痕与上次折痕保持平行，连续对折 n 次后，可以得到多少条折痕？

分析：可从具体的、简单的对折次数入手，寻找所得折痕数与对折次数的变化关系．

对折次数	1	2	3	4	...	n
折痕条数						

解：依题意得，连续对折 n 次后，可以得到 $2^n - 1$ 条折痕．

归纳

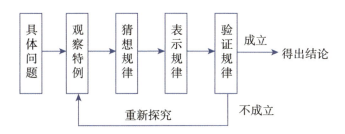

练习

1. 如图所示，每一幅图中都有若干个大小不同的菱形，第 1 幅图中有 1 个，第 2 幅图中有 2 个，第 3 幅图中有 3 个，第 4 幅图中有＿＿＿＿＿个，第 n 幅图中共有＿＿＿＿＿个.

第1幅　　第2幅　　第3幅　　　　第n幅

2. 下面是用棋子摆成的"上"字：

第一个　　　　第二个　　　　第三个

如果按照以上规律继续摆下去，那么通过观察，可以发现：

（1）第 4 个、第 5 个"上"字分别需用＿＿＿＿＿＿和＿＿＿＿＿＿枚棋子.

（2）第 n 个"上"字需用＿＿＿＿＿枚棋子.

3. 如下图所示，用大小相等的小正方形拼成大正方形，拼第 1 个正方形需要 4 个小正方形，拼第 2 个正方形需要 9 个小正方形……拼一拼，想一想，按照这样的方法拼成的第 n 个正方形需要＿＿＿＿＿个小正方形，第 n 个正方形比第 $n-1$ 个正方形多＿＿＿＿＿个小正方形.

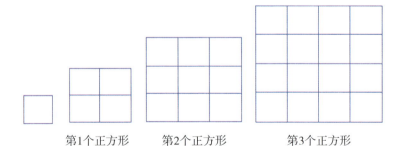

第1个正方形　　　第2个正方形　　　　第3个正方形

练习

4. 用黑白两种颜色的正六边形地面砖按如下图所示的规律拼成若干个图案.

第1个 　　　　 第2个 　　　　　　 第3个

（1）第 4 个图案中有白色地面砖＿＿＿＿＿＿＿＿＿＿块.

（2）第 n 个图案中有白色地面砖＿＿＿＿＿＿＿＿＿＿块.

第十一课　视觉错觉

错觉是指人们对外界事物的不正确的感觉或知觉，最常见的是视觉方面的错觉. 产生错觉的原因，除受客观刺激本身特点的影响外，还有观察者生理和心理的影响，其机制现在尚未完全弄清楚.

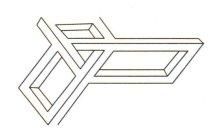 

错觉的主要类型：

（1）几何图形错觉．几何图形错觉是几何形和线形的组合产生了特殊的环境，致使视觉发生错误．这一规律虽然可以在设计中应用，但更多的时候是无法避免的．另一种情况则是"假定图形是投射在三维空间中"的"多义空间"，视觉对图形的判断会闪烁不定．著名的"内克尔立方体"是瑞士博物学家内克尔在 1832 年设计的．

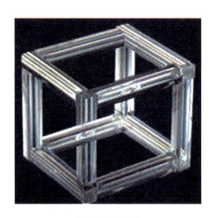

内克尔立方体

几何图形错觉说明视觉对透明立方体的透视关系可以做不同的理解，画有斜线的面既可在最前面，也可在最后面．

（2）色彩错觉．色彩错觉主要由色彩的对比和色彩的空间混合而产生．所谓色彩对比是指不同性质的色彩并置而影响视觉的准确性．例如，明亮色的扩张和深色的收缩会使同面积的色彩显得不一样大．正因为如此，法国国旗的三色宽度必须做成不同的尺寸．而同一色彩放在不同的环境中，明度感也会不同．

法国国旗

点彩派绘画

  其他如补色对比、冷暖色对比也会产生错觉.色彩的空间混合错觉则是不同色彩的点、线并置,在一定距离外会被看成第三色,如电视机的彩色由红、蓝、绿三种光点混合而成,印刷的色彩则由黑、蓝、红、黄四种网纹混合而成.这种空间混合早已被点彩派绘画所利用.

  (3)利用知觉常性的错觉.知觉常性是指我们对一些熟悉、常见的事物,有一种持久、稳定的知觉,往往不受环境变化的影响.例如,暗房中红灯下的照相纸,谁也不会误认为不是白色.它使平面设计在形式上既可追求多样性和趣味性,又能保证正确性.例如,文字的变化有时很大,单看一个字容易误读,但上下文字相连时,利用知觉常性即不难识读.

  例1 视觉游戏——"梯形幻觉"

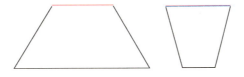

  梯形幻觉:哪条线显得长一些,红线还是蓝线?

  解:红线比蓝线显得长一些,尽管它们的长度完全相等.小于 $90°$ 的角使包含

157

它的边显得短一些，而大于90°的角使包含它的边显得长一些．这就是梯形幻觉．

例2 视觉游戏——"两个圆"．

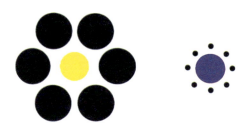

解：两个内部的圆大小完全一样．当一个圆被几个较大的同心圆包围时，它看起来要比那个被一些圆点包围的圆小一些．

例3 视觉游戏——"扭曲的圆"．

韦德螺旋：这真是一个螺旋吗？

解：英国视觉科学家、艺术家尼古拉斯·韦德向我们展示了他的弗雷泽螺旋幻觉的变体形式．虽然图形看起来像螺旋，但实际上它是一系列同心圆．

例4 视觉游戏——"比泽尔德幻觉"．

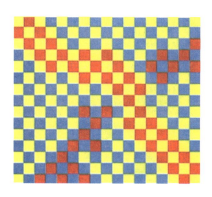

比泽尔德幻觉：图中所有的红色看起来都一样吗？

解：语境会影响你对颜色的感知．所有的红色都是完全一样的．这就是比泽尔德幻觉．

例5　视觉游戏——"盒子幻觉"．

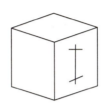

盒子幻觉：看立方体外侧面上的这个图形．哪条线与竖线垂直？哪条线不与竖线垂直？把立方体的边线遮住，你将发现你的感知发生了变化．

解：盒子幻觉的感知提示为你确定图中心线段的位置提供了一个背景．离开盒子你的视觉系统就必须使用其他背景，这就是盒子幻觉．

例6　视觉游戏——"赫尔曼·格瑞德幻觉"．

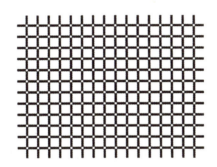

同时对照幻觉：交叉部分的白点是不是显得比白色方格更白、更亮？

解：白色方格看起来更白一点，尽管两者并没有区别．小白格看起来好像位于黑色背景上，这强化了每一个小方格和它背景之间的亮度对比．

例7　视觉游戏——"米勒·莱尔幻觉"．

米勒·莱尔幻觉：哪条红线更长？

解：信不信由你，两条红线完全等长．透视的运用大大地增强了传统的米勒·莱尔幻觉版本的效果．相比之下，传统的米勒·莱尔版本逊色不少．

例8 视觉游戏——"曲线幻觉"．

解：当你的视网膜把边缘和轮廓译成密码时，幻觉就偶然地在视觉系统里发生了，这就是曲线幻觉．

练习

1. 你知道周围有多少老人在朝他微笑吗？

练习

2. 视觉游戏——"身体的紫罗兰".

身体的紫罗兰：你能在叶子中间找到三个隐藏的侧面人像吗？

3. 视觉游戏——"隐藏的拿破仑".

隐藏的拿破仑：你能发现站立的拿破仑像吗？这幅背景幻觉图出现于拿破仑逝世后不久.

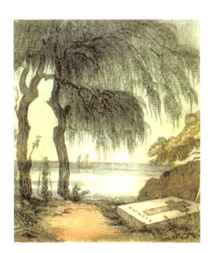

第十二课　神奇的莫比乌斯圈

《数学与文史》中阐述：$1+1=2$ 是神圣的语言，代表着世界上放之四海而皆准的真理．$a+b=b+a$，看似简单，却包含了万千加法算式的规律：一个 a 不仅可以代表自然数，还可以是小数、分数；这样的一个等式中外相同，古今通用．书中把文史之美和数学之美和谐统一．数学不仅仅是数字，更是艺术．在没有被表达出来之前，大多数数学观念不是建立在逻辑的基础上的，而是直觉与美．

思考

用一张长方形的纸条，首尾相黏，做成一个纸圈，然后只允许用一种颜色，在纸圈上的一面涂抹，最后把整个纸圈全部抹成一种颜色，不留下任何空白．这个纸圈应该怎样黏？

如果是纸条的首尾相黏做成的纸圈有两个面，势必要涂完一个面再重新涂另一个面，不符合涂抹的要求，能不能做成只有一个面、一条封闭曲线做边界的纸圈呢？

这个纸圈是德国数学家莫比乌斯在 1853 年研究"四色定理"时偶然发现的一个副产品，后人为了纪念他，所以把它叫作"莫比乌斯圈"或者"莫比乌斯带"．

普通纸带具有两个面（双侧曲面），一个正面，一个反面，两个面可以涂成不同的颜色；而这样的纸带只有一个面（单侧曲面），一只小虫可以爬遍整个曲面而不必跨过它的边缘！

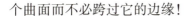

如果在裁好的一张纸条正中间画一条线，黏成莫比乌斯圈，再沿线剪开，把这个圈一分为二，会是什么样呢？如果在纸条上画两条线，把纸条三等分，再黏成莫比乌斯圈，用剪刀沿画线剪开，剪刀绕两个圈竟然又回到了原出发点，猜一猜，剪开后的结果是什么？是一个大圈还是三个圈？

轻松一刻

据说有一个小偷偷了一位很老实农民的东西，并被当场捕获，并送到县衙．县官发现小偷正是自己的儿子，于是在一张纸条的正面写上"小偷应当放掉"，而在纸的反面写了"农民应当关押"．县官将纸条交给执事官由他去办理．聪明的执事官将纸条扭了个弯，用手指将两端捏在一起，然后向大家宣布：根据县太爷的命令放掉农民，关押小偷．县官听了大怒，责问执事官．执事官将纸条捏在手上给县官看，从"应当"二字读起，确实没错．仔细观看字迹，也没有涂改，县官不知其中奥秘，只好自认倒霉．

县官知道执事官在纸条上做了手脚，怀恨在心，伺机报复．一日，又拿了一张纸条，要执事官一笔将正反两面涂黑，否则就要将其拘役．执事官不慌不忙地把纸条扭了一下，黏住两端，提笔在纸环上一涂，又拆开两端，只见纸条正反面均涂上了黑色．县官的毒计又落空了．

莫比乌斯圈的应用：

莫比乌斯圈的概念被广泛地应用于建筑、艺术、工业生产．运用莫比乌斯圈原理我们可以建造立交桥和道路，避免车辆行人拥堵．

（1）1979 年，美国著名轮胎公司百路驰创造性地把传送带制成莫比乌斯圈形状，这样一来，整条传送带环面各处均匀地承受磨损，避免了普通传送带单面受损的情况，使得其寿命延长了整整一倍．

（2）针式打印机靠打印针击打色带在纸上留下一个一个的墨点，为充分利用色带的全部表面，色带也常被设计成莫比乌斯圈．

（3）在美国匹兹堡著名的肯尼森林游乐园里，有一部"加强版"的云霄飞车——它的轨道是一个莫比乌斯圈．乘客在轨道的两面飞驰．

（4）莫比乌斯圈循环往复的几何特征蕴含着永恒、无限的意义，因此常被用于各类标志设计．微处理器厂商 Power Architecture 的商标就是一条莫比乌斯圈，甚至垃圾回收标志也是由莫比乌斯圈变化而来的．

莫比乌斯圈的发展：

莫比乌斯圈和克莱因瓶是拓扑学中有趣的问题之一．莫比乌斯圈是一个迷人的几何表面，它只有一个边界和一个面，代表着可能性和永无休止的循环．克莱因瓶没有边界，只有一个面．莫比乌斯圈和克莱因瓶因其循环往复的特点和本身具有的独特美感，常常被用到美学、艺术和建筑设计领域，也应用于工业生产及其他方面．

四维中的曲面　　　　　克莱因瓶

第十三课　数学欣赏

仔细观察下面一些美丽的图案，它们有什么异同？能否根据其中的一部分绘制出整个图案？

思考

我们学过哪些图形变换？上述图形是由哪种图形变换设计而成的？

平移变换：把一个图形整体沿某一直线方向移动一定的距离的图形变换．

轴对称变换：由一个平面图形变为另一个平面图形，并使这两个图形关于某一条直线成轴对称的图形变换．

旋转变换：将一个图形绕着一个定点沿某个方向转动一个角度的图形变换．

探究

如何利用各种图形变换进行图案设计？如下图所示，你能找到下列图形的基本图案，并说明图案的形成过程吗？

我们可以发现，利用图形变换进行图案设计有两个步骤：

（1）找到基本图案．

（2）确定形成图案的变换方式．

例 如图所示，请找到下列图形的基本图案，并说明图案的形成过程．

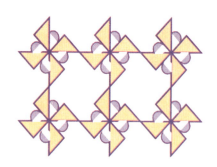

解：基本图案形成过程如下：

（1）旋转：将 逆时针旋转 90°、180°、270°，依次得到下列图形：

（2）旋转变换：将 旋转 180°得到以下图形

（3）平移变换：

练习

1. 海军图是怎样设计得到的呢？

练习

2. 请以给定的图形 ○○△△ =（两个圆，两个三角形，两条平行线）为构件，尽可能多地构思有意义的一些图形，并写上一两句贴切、诙谐的解说词．下图就是符合要求的图形，你能构思其他图形吗？请画在空白处．比一比，看谁想得多，看谁想得妙！

小丑踩球

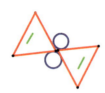

漂亮的小领结

指南针

第十四课　三阶幻方

公元前 3000 多年，有条名为洛河的河流经常发大水，皇帝夏禹带领百姓去治理洛河，这时，从水中浮起一只大乌龟，背上有奇特的图案．那龟背上的图案是什么意思呢？

4	9	2
3	5	7
8	1	6

"九宫之义，法以灵龟，二四为肩，六八为足，左三右七，戴九履一，五居中央．"

思考

龟背上的这些数填到表格中,你能发现什么?每一行,每一列,每一条对角线上的三个数的和有什么特点?

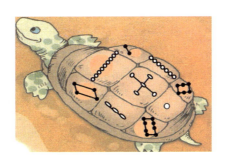

每行、每列、每条对角线上的三个数的和都相等的方格,叫"三阶幻方".

我国汉朝的一本叫《数术记遗》的书把这样的图形叫"九宫图",宋朝数学家杨辉把类似"九宫图"的图形叫"纵横图",国外数学家把它叫作"幻方".

用1,2,3,4,5,6,7,8,9这9个数字组成3行3列的方阵.它的每行、每列及两条对角线上的3个数字的和都等于15.这一问题有许多解法.这里介绍两种解法.

方法1 我国古代数学家杨辉在《续古摘奇算法》中写道:"九子斜排,上下对易,左右相更,四维挺出."具体做法如图所示.

```
        1                      9
      4   2                  4   2
    7   5   3              7   5   3
      8   6                  8   6
        9                      1

    九子斜排                上下对易

        9
      4   2                4 9 2
    3   5   7              3 5 7
      8   6                8 1 6
        1

    左右相更                四维挺出
```

169

方法 2　第一步，把 9 个数字按照从小到大的顺序从左到右排列；第二步，让周围的 8 个数字绕着中心数字依次转动一个位置；第三步，将对角的数字进行对换. 这个方法归纳为"一排，二转，三对换".

1 2 3	4 1 2	6 1 8
4 5 6	7 5 3	7 5 3
7 8 9	8 9 6	2 9 4
一排	二转	三对换

例　将下面三组数分别填入 3×3 的方格中，使得每行、每列、每条对角线上的 3 个数之和相等.

（1）-4，-3，-2，-1，0，1，2，3，4.

（2）2，4，6，8，10，12，14，16，18.

解：（1）　　　　　　　　（2）

-1	4	-3
-2	0	2
3	-4	1

8	18	4
6	10	14
16	2	12

思考

对比例题每个小题的 9 个数与原来 1~9 的 9 个数字有什么关系？这 9 个数可以由原来 1~9 的 9 个数字怎样变形得到？

归纳

（1）三阶幻方中每一个数加、减同一个数字，所得方格仍是幻方.

（2）三阶幻方中每一个数同时扩大或缩小相同的倍数，所得方格仍是幻方.

（3）三阶幻方中每一个数先扩大相同的倍数，再同时增加另一个数所得方格仍是幻方.

幻方按照纵横各有数字的个数，可以分为三阶幻方、四阶幻方、五阶幻方、六阶幻方……

16	3	2	13
5	10	11	8
9	6	7	12
4	15	14	1

四阶幻方

11	24	7	20	3
4	12	25	8	16
17	5	13	21	9
10	18	1	14	22
23	6	19	2	15

五阶幻方

下图这个六阶幻方去掉最外面一层，中间剩下的部分是一个四阶幻方．这个四阶幻方由 11 到 26 这 16 个数组成，其每行、每列及两条对角线上的 4 个数之和都是 74．更为奇特的是，这个四阶幻方还是一个完美幻方，即各条对角线上的 4 个数之和也都是 74．

28	4	3	31	35	10
36	18	21	24	11	1
7	23	12	17	22	30
8	13	26	19	16	29
5	20	15	14	25	32
27	33	34	6	2	9

这个幻方是耆那幻方，是在印度哈周拉合市的耆那教寺庙门前一块石牌上刻的，是 12—13 世纪的产物，它的任何 2×2 的方块内的 4 个数字和都是 34．

171

练习

将 3、6、9、12、15、18、21、24、27 这 9 个数填入九宫格，使每行、每列及每条对角线上 3 个数的和都相等．

第十五课　几何画板的应用（一）
——利用几何画板绘制创意图案

几何画板软件是一个优秀的数学专业工具软件，该软件以动态几何为特色，展示和探索数学的奥秘，提供丰富而方便的创造功能．

它主要以点、线、圆为基本元素，通过对这些基本元素的变换、构造、测算、计算、动画、跟踪轨迹等，构造出其他较为复杂的图形．它能够动态地展现出几何对象的位置关系、运行变化规律，是研究几何关系和几何变化规律的"利剑"！

除此之外，利用几何画板软件的平移、旋转、轴对称变换、迭代等功能，还可以设计出精美的图案．通过本节课的学习，相信聪明的同学们也能设计出属于自己的创意几何图案．

一、几何画板的基本操作

1. 几何画板软件的基本组成

画板的左侧是画板工具箱，把光标移动到工具的上面，一会儿就会显示工具的名称．

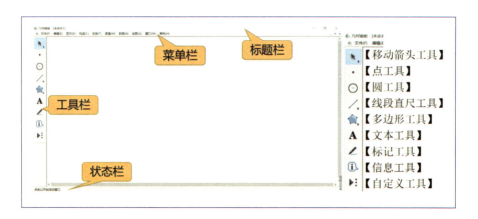

2. 绘制基本图形

例 1　利用工具栏制作一个圆和它的内接三角形．

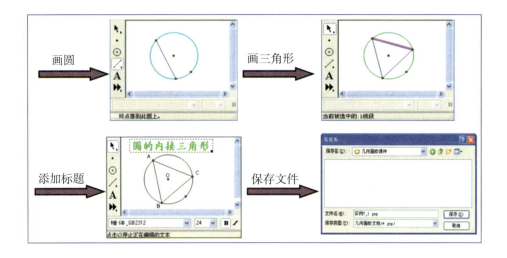

二、构造几何图形

1. 点的构造

中点：对于选中的一条以上的线段，分别作出这些线段的中点．

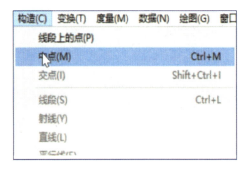

　　交点：构造选中的两相交对象的交点．如果两相交对象有多个交点，会同时作出．

2. 线的构造

　　垂线：过选中点作选中直线的垂直线．

174

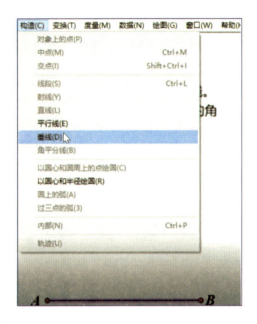

平行线：过选中点构造选中直线的平行线.

角平分线：构造由三个选中点决定角的角平分线.

3. 圆或弧的构造

以圆心和圆周上的点绘圆：选中两个点，以选中的第一个点为圆心，过选中的第二点画圆．

以圆心和半径绘圆：选中一个点和一条线段，以选中的点为圆心，以选中的线段为半径画圆．

圆上的弧：对选中圆及圆上的两点，按逆时针方向作出圆上从第一个点到第二个点的一段弧；也可以先选择圆心，再按逆时针方向选择圆上的点．

过三点的弧：选中三个点，构造从第一个点起，过第二个点，到第三个点的圆弧．

4. 构造内部

选择三个以上的点，把这些点按顺序作为多边形的顶点，构造多边形内部．

（1）选择一个圆或选择多个圆，可以构造圆内部．

（2）选择一段弧或同时选择多段弧，可以按选中的圆弧构造扇形内部．

三、图形的变换功能

几何画板提供了平移、旋转、缩放、反射等图形变换功能，可以按指定值或动态值对图形进行相应变换，也可以使用定义向量、角度、距离和比值等来控制这些变换．

1. 平移变换

平移是指在同一平面内，将一个图形上的所有点都按照某个直线方向做相同距离的移动．平移变换有三种形式：直角坐标、极坐标、标记．操作方法是：对于选中的目标，执行"变换"—"平移"命令，弹出"平移"对话框进行操作即可．

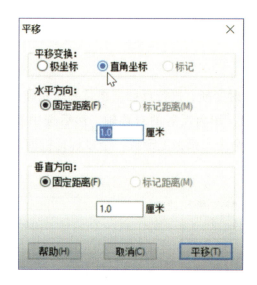

2. 旋转变换

在平面内，把一个图形绕一个定点沿某个方向转动一定的角度，这样的图形运动称为旋转．

首先标记旋转中心，然后选中要旋转的对象，执行"变换"—"旋转"命令，弹出"旋转"对话框，根据要求操作．

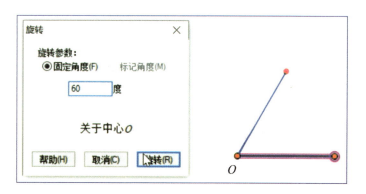

例 2 利用旋转变换生成六角形和四瓣花.

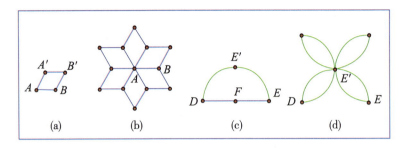

(a)   (b)   (c)   (d)

3. 轴对称变换

轴对称变换即反射变换,进行反射变换,必须先确定某一线段、射线或直线,作为标记镜面,作为反射的对称轴,然后选中要反射的对象,执行"变换"—"反射"命令,画板上形成一个以标记镜面为对称轴的原对象的对称图形.

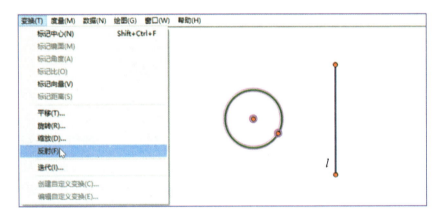

4. 迭代变换

下面是两个学生利用几何画板画出的美丽的勾股树.通过本节课的学习,相信聪明的同学们也能画出属于自己的勾股树.

美丽奇妙的勾股树又称毕达哥拉斯树,它是由毕达哥拉斯根据勾股定理所画出来的一个可以无限重复的图形,因为重复数次后的形状好似一棵树而得名.下面将讲解利用几何画板绘制勾股树的方法.

几何画板中的应用（1）——勾股树

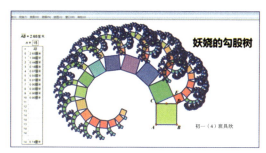

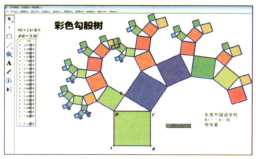

几何画板制作勾股树的具体步骤如下：

（1）用旋转的方法画正方形 ABCD.

① 绘制出线段 AB.

② 双击点 A，把点 A 标记为旋转中心．选中点 B，选择"变换"—"旋转"命令，将点 B 旋转 90°，得到点 D.

③ 双击点 D，把点 D 标记为旋转中心．选中点 A，选择"变换"—"旋转"命令，将点 A 旋转 −90°，得到点 C.

④ 绘制出线段 AD、DC、BC.

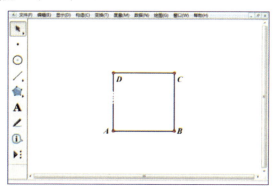

在几何画板中用旋转的方法画正方形 ABCD 示例

（2）构造 DC 的中点 E，并以点 E 为圆心，EC 为半径构造圆.

① 选中线段 DC，选择"构造"—"中点"命令，绘制出 DC 的中点 E.

② 依次选中点 E 和点 C，选择"构造"—"以圆心和圆周上点绘圆"命令.

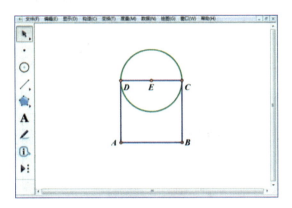

构造 DC 的中点 E，并构造圆 E

（3）构造圆弧 CD，并在弧 CD 上取点 F.

① 选中点 C、D 和圆 E，选择"构造"—"圆上的弧"命令.

② 保持弧的选中状态，选择"构造"—"弧上的点"命令，任意绘制出点 F.

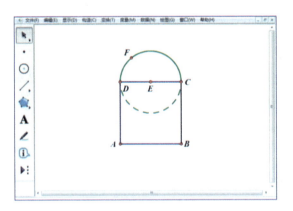

构造圆弧 CD，并在弧 CD 上取点 F

（4）构建勾股树动画按钮.

① 选择点 F，选择"编辑"—"操作类按钮"—"动画"命令，打开"操作类按钮动画点的属性"对话框，选择"动画"选项卡，将"方向"设为"双向"，"速度"设为"慢速".

② 选择"标签"选项卡，在标签栏输入"勾股树动画按钮"，单击"确定"按钮.

③ 调整按钮的位置，如图所示.

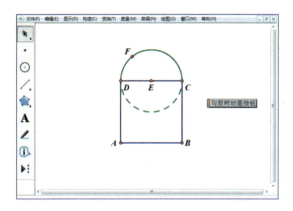

构建勾股树动画按钮并调整到相应位置

（5）隐藏部分对象.

隐藏圆 E、圆弧 CD、点 E，如图所示.

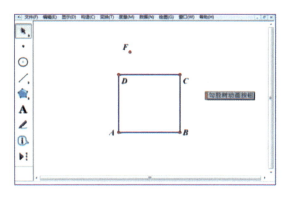

隐藏圆 E、圆弧 CD、点 E

（6）度量出 FD 的长度，构造出正方形的内部.

① 选择动点 F 和定点 D，选择"度量"—"距离"命令，测出距离 FD.

② 选择点 A、B、C、D，选择"构造"—"四边形内部"命令.

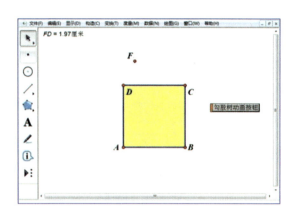

度量出 FD 的长度并构造出正方形的内部

（7）设置默认颜色参数．

选择 $FD = 1.51$ 厘米、正方形内部，选择"显示"—"颜色"—"参数"命令，打开"颜色参数"对话框，采用默认设置，单击"确定"按钮．

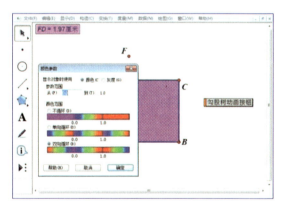

选择 $FD = 1.51$ 厘米、正方形内部，设置颜色参数默认

（8）新建参数．

选择"数据"—"新建参数"命令，打开"新建参数"对话框，在"名称"文本框中输入"参数"，单击"确定"按钮，新建一个"参数按钮"，如图所示．

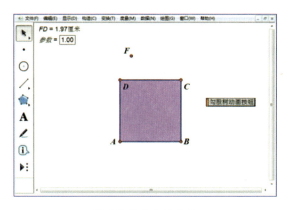

新建数值为 1 的参数

（9）构建迭代．

① 依次选择点 B、A、"参数 = 1.00"按钮后，按住 Shift 键不放，选择"变换"—"深度迭代"命令，打开"迭代"对话框．

② 在映像处依次单击点 C、F．

③ 单击"结构"按钮，单击"添加新的映射"．

④ 在映像 2 处依次单击点 F、D，单击"迭代"按钮．

⑤ 调整按钮位置，如图所示．

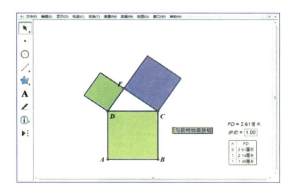

构建点 B、A 的深度迭代

（10）绘制勾股树．

选择"参数 = 1.00"按钮，按数字键盘上的数字按钮，将参数变到 5，出现如图所示的图形．单击"勾股树动画按钮"就可以看到运动的勾股树．到此你已经完整地绘制出美丽的勾股树．

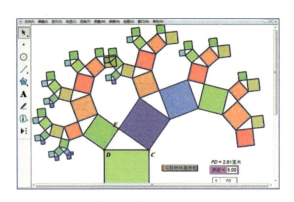

改变参数值并绘制勾股树示例

勾股树的制作方法到此介绍完了，相信你已经制作出一棵漂亮的勾股树．勾股树是毕达哥拉斯树的其中一种，自己多动手试试，你会发现用几何画板可以画出很多漂亮的图案．

案例：几何画板的应用（2）——正方形玫瑰

勾股树是利用几何画板的迭代功能绘制出来的，迭代是几何画板中一个很有趣的功能，它相当于程序设计的递归算法．利用"迭代"命令，我们可以制作出很多美丽的图案．下面就以正方形为例，看一看几何画板迭代所绘制出的图案．

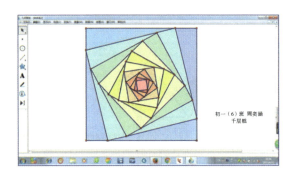

几何画板制作正方形迭代具体的操作步骤如下：

（1）构造正方形 ABCD. 使用"线段工具"绘制出一条线段 AB. 双击点 A，将点 A 设置为旋转中心．选中点 B，选择"变换"—"旋转"命令，令点 B 旋转 90°，得到点 B′. 将点 B′ 的标签更改为 D. 用同样的方法，将点 A 旋转 −90°，得到正方形的角点 C. 依次选中点 B、C、D、A，选择"构造"—"线段"命令，构造出一个正方形 ABCD.

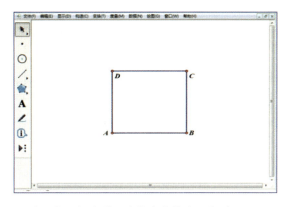

在几何画板中利用旋转命令构造正方形 *ABCD*

（2）在线段 *AB* 上任取一点 *E*. 依次点击点 *A*、*B*、*E*，选择"变换"—"标记比"命令，将线段 *AE* 与线段 *AB* 的比作为标记比. 双击点 *B*，以点 *B* 为中心，选中点 *C*，选择"变换"—"缩放"命令，按照标记比缩放，将得到的点的标签更改为"*F*"，如图所示.

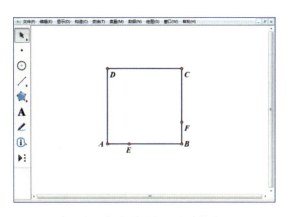

在几何画板中利用标记比缩放点 *C*

（3）选中点 *A*、*B*，选择"变换"—"迭代"命令，在弹出的对话框中，进行如图所示的设置，单击"迭代"即可.

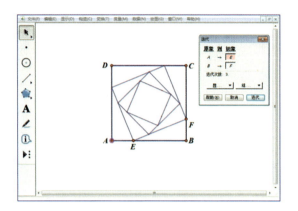

在几何画板中对点 *A*、*B* 执行迭代命令

（4）选择"文件"—"保存"命令保存文件．最终的效果如图所示．

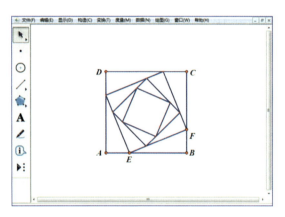

在几何画板中制作的正方形迭代示例

以上介绍了正方形的迭代制作方法，同理，对于三角形、五边形等多边形也可以进行迭代．

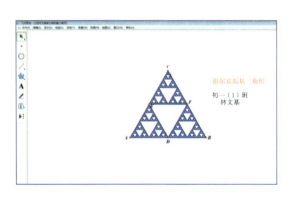

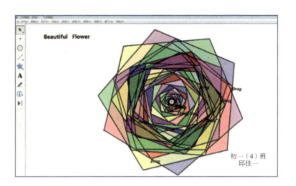

请你利用平移、旋转、轴对称等变换设计一幅有几何元素的作品，以截图的方式保存，要求高清原图，图上要有几何画板的边框，并用一句简洁诙谐、有诗意有内涵的话概括你的作品．

初二"逻辑数学"校本课程

亲爱的同学们，八年级的"逻辑数学"的学习要开始了．

你将要学习的逻辑数学既是数学的一个分支，也是逻辑学的一个分支．它是用数学方法研究逻辑与形式的学科．

我们希望同学们学习了"逻辑数学"后，能够用逻辑数学的观点去思考问题．在《图形的逻辑推理》一课中，研究图形的形状、大小和位置关系时，不仅要依靠直观观察法，也需要分析、抽象和归纳，这些涉及几何图形的逻辑推理．

《归纳推理的应用》是"逻辑数学"的重要内容，是根据一类事物的部分对象具有某种性质，推出这类事物的所有对象都具有这种性质的推理．它是从特殊到一般的过程，属于合情推理．在这一课中你会对杨辉三角有进一步的认识．

毕达哥拉斯是古希腊数学家、哲学家，他发现了著名的勾股定理，也称"毕达哥拉斯定理"．在《毕达哥拉斯定理的证明》这节课中，你将学习到多种定理的证明方法，你的知识储备和认知能力将得到进一步提高．

数学伴随着我们成长，数学伴随着我们进步，数学伴随着我们成功，让我们一起跟着这本书，继续畅游神奇、美妙的数学世界吧！

第一课　认识逻辑数学

逻辑源于希腊语，最初是词语、思想、概念、论点和推理的意思，中文"逻辑"一词是西方词汇的音译，也就是英语中的 logic.

逻辑是探索、阐述和确立有效推理原则的学科，最早是由古希腊学者亚里士多德创建的．用数学的方法研究关于推理、证明等问题的学科就叫作数理逻辑．逻辑推理是关于从一个真的前提"必然地"推出一些结论的科学．常用的方法有类比法、归纳法和演绎法．

例如，传说春秋时期鲁国的公输班（后人称鲁班，被认为是木匠业的祖师）一次去林中砍树时被一株齿形的茅草割破了手，这件倒霉事却使他发明了锯子．鲁班将茅草的齿形边缘（前提条件）能割破手指（结论）迁移应用到有锯齿的工具能割断木头上．又如，将鱼类的形状、浮沉原理迁移应用到潜艇上，将蜻蜓的外形、飞行原理迁移应用到直升机上等．

类比推理是根据两个或两类对象在某些属性上相同或相似，从而推知它们在另一属性上也相同或相似的推理．类比推理的一般逻辑形式为：

A 对象有属性 a、b、c、d，B 对象有属性 a、b、c，所以 B 对象也有属性 d.

从第二项起，每一项与其前一项的和等于一个常数的数列是等和数列，这个常数叫作该数列的公和．常见的等和数列如 2，3，2，3，2，…，其公和为 5. 类似地，从第二项起，每一项与其前一项的差等于一个常数的数列是等差数列，这个常数叫作该数列的公差．常见的等差数列如 1，3，5，7，9，…，其公差为 2.

思考

你还能说说其他的等和数列或等差数列吗？

例1 填空：

（1）已知数列 $\{a_n\}$ 是等和数列，且 $a_1 = 2$，公和为 5，那么 a_{10} 的值为_____，这个数列前 21 项和为_____．

（2）已知数列 $\{b_n\}$ 是等差数列，且 $b_1 = 2$，公差为 3，那么 b_{10} 的值为_____，这个数列前 21 项和为_____．

归纳法就是从部分导向整体，从特定事例导向一般事例，它以经验和实证作为基础，并从基础中得出结论．例如，张三喜欢读书，他的成绩好；李四喜欢读书，他的成绩也好；小明爱学习，他的成绩很好；小娟爱看书，自觉做作业，她的成绩也很好……所以我们就总结出，凡是爱学习的人，就会取得好成绩．又如，小草的生长需要水分，蔬菜的生长需要水分，小树没有水就会干死，所以我们得出结论：植物的生长都需要水分．

归纳推理的一般步骤：①通过观察个别情况发现某些相同性质；②从已知的相同性质中推出一个明确表达的一般性命题（猜想）．

例2 观察下图及下面的等式，你可以发现什么结论？

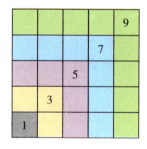

$$1 + 3 = 4 = 2^2,$$

$$1 + 3 + 5 = 9 = 3^2,$$

$$1 + 3 + 5 + 7 = 16 = 4^2,$$

$$1 + 3 + 5 + 7 + 9 = 25 = 5^2,$$

……

由此猜想：_____，请证明其正确性．

例3 数一数图中的凸多面体的面数 F、顶点数 V 和棱数 E，然后用归纳法推理得出它们之间的关系.

多面体	面数（F）	顶点数（V）	棱数（E）
三棱锥			
四棱锥			
五棱锥			
三棱柱			
正方体			
五棱柱			
正八面体			
截角正方体			
尖顶塔			

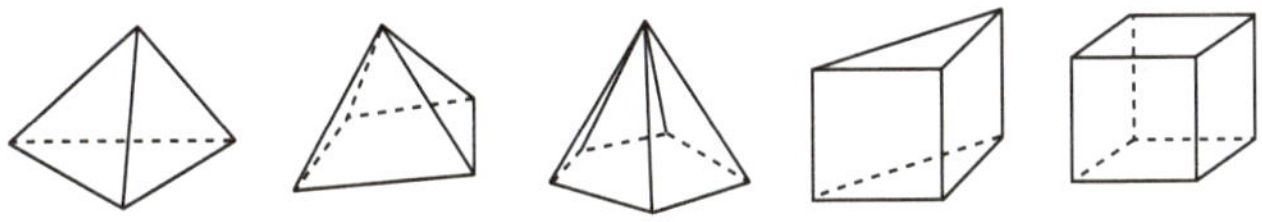

三棱锥　　四棱锥　　五棱锥　　三棱柱　　正方体

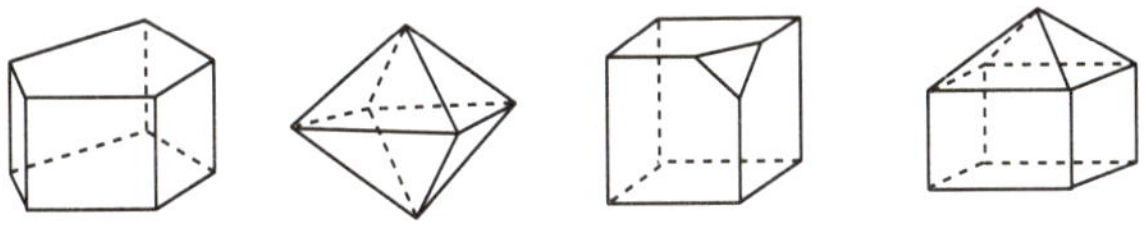

五棱柱　　正八面体　　截角正方体　　尖顶塔

由此猜想：＿＿＿＿＿＿＿＿＿＿＿＿＿＿＿＿＿＿．

解：$F + V - E = 2$

这个式子就是著名的欧拉公式.

演绎法是从普遍性结论或一般性事理推导个别性结论的论证方法. 演绎推理的主要形式是三段论，即大前提、小前提和结论. 比如，毛泽东在《为人民服务》一文中有一段著名的论述："人总是要死的，但死的意义有不同. 中国古时候有个文学家叫作司马迁的说过：'人固有一死，或重于泰山，或轻于鸿毛.'为人民利益而死，就比泰山还重；替法西斯卖力，替剥削人民和压迫人民的人去死，就比鸿毛还轻．张思德同志是为人民利益而死的，他的死是比泰山还要重的．"这段话就包含了一个完整的演绎论证．"为人民利益而死，就比泰山还重"，是普遍性原理，是论据，是"大前提"；"张思德同志是为人民利益而死的"，是已知的判断，是"小前提"；而"他的死是比泰山还要重的"则是结论，也是论点．又如，乐于助人的人都是好人，张明帮助了别人，所以张明是个好人．

演绎推理是由一般到特殊的推理．"三段论"是演绎推理的一般模式：大前提是已知的一般原理，小前提是所研究的特殊对象，结论是根据一般原理，对特殊对象做出的判断．

例4 按演绎推理的一般模式填空：

（1）所有金属都能导电，因为铜是金属，所以＿＿＿＿＿＿＿＿＿＿．

（2）所有奇数都不能被 2 整除，因为 2017 是奇数，所以＿＿＿＿＿＿＿＿．

（3）太阳系大行星以椭圆形轨道绕太阳运行，因为＿＿＿＿＿＿＿＿＿＿，所以冥王星以椭圆形轨道绕太阳运行．

你还能说出其他按演绎推理一般模式的例子吗？

归纳

常用的逻辑推理有归纳推理、类比推理、演绎推理等，这些推理具有以下特点。

（1）归纳推理：特殊到一般．

（2）类比推理：特殊到特殊．

（3）演绎推理：一般到特殊．

练习

判断下列语句属于哪一类逻辑推理：

（1）玉米含有糖、酸、淀粉，可以酿酒，而酸刺子也含有糖、酸、淀粉，所以，酸刺子也能酿酒．

（2）成语"一叶知秋"意思是从一片树叶的凋落，知道秋天将要来到．

（3）自然数是整数，因为 3 是自然数，所以 3 是整数．

第二课　图形的逻辑推理

几何图形本身具有抽象性和一般性，一般地，研究图形的形状、大小和位置关系时，不仅要依靠直观观察，也需要具有分析、抽象和归纳，还需要几何图形的逻辑推理．

我们把图形的逻辑推理简单分为三类：样式类、数量类和位置类．

一、样式类

例1　在"？"处填入哪个图形能呈现一定的规律？（　　　）

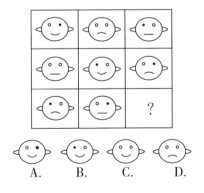

分析：这是遍历问题中一个典型的题目，通过观察这个九宫格中的行或列可以发现共性的特征，即每个图形都出现一次，因此，"？"处的图形就不难发现了．故选 C.

二、数量类

例2 在"？"处填入哪个图形能呈现一定的规律？（ ）

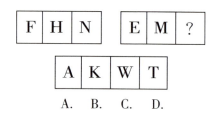

A.   B.   C.   D.

分析：数量类的图形逻辑推理题目相对比较灵活，可以从组成图形的线段、角的数量入手，也可以从图形自身数量去考虑．本题从组成图形的线段的条数考虑，第一个表格中 F，H，N 均是由三条线段组成，而第二个表格中 E，M 均由四条线段组成，故选 C.

三、位置类

例3 在"？"处填入哪个图形能呈现一定的规律？（ ）

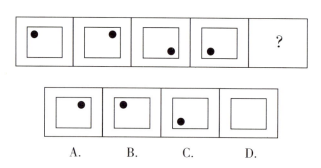

A.   B.   C.   D.

分析：位置类的逻辑推理题要紧密结合图形的三种位置关系：对称、平移、旋转．本题实心小圆在正方形中依次按顺时针方向在四个角的位置旋转，故选 B.

归纳

图形推理解题技巧：

图形推理六步走 ⬇ 杂乱图形找共性
- 横向看
- 纵向看
- 旋转看
- 对称看
- 平移看
- 综合看

练习

1. 用同样大小的正方形按下列规律摆放，将重叠部分涂上颜色，下面的图案中，第 n 个图案中正方形的个数是_____．

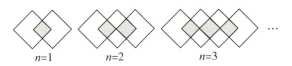

n=1　　　n=2　　　n=3　　…

2. 如图所示，有一个英语单词，四个字母都关于直线 l 对称，请补全字母，然后写出这个单词_____．

3. 从所给出的四个选项中，选出适当的一个填入问号所在位置，使之呈现相同的变化特征．（　　　）

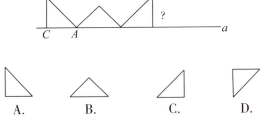

A.　　　　B.　　　　C.　　　　D.

练习

4. 从所给出的四个选项中，选出适当的一个填入问号所在位置，使之呈现相同的变化特征. （　　　）

A. 　　　B.

C. 　　　D.

5. 顺次连接矩形各边的中点，得到一个菱形，如图①所示；再顺次连接菱形各边的中点，得到一个新的矩形，如图②所示；然后顺次连接新的矩形各边的中点，得到一个新的菱形，如图③所示；如此反复操作下去，则第2016 个图形中直角三角形的个数有 （　　　）.

　　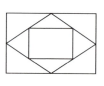　　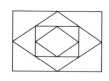

　　图①　　　　　　　图②　　　　　　　图③

A. 8064 个　　　　　B. 4032 个

C. 2016 个　　　　　D. 1008 个

第三课　平面图形的镶嵌

仔细观察下面一些美丽的地板图案，如果你是设计师，让你设计几种地板图案，你该如何设计呢？

思考

上面图形都有什么特点？

平面图形的镶嵌（平面图形的密铺）：

用形状和大小完全相同的一种或几种平面图形进行拼接，彼此之间不留空隙、不重叠地铺成一片，这就是平面图形的镶嵌，又称为平面图形的密铺．镶嵌的条件为无空隙、不重叠．

探究

哪些正多边形可以进行平面镶嵌？用同一种正多边形能进行平面镶嵌的条件是什么？

下面给出了常见的正三角形、正方形、正六边形这三类图形的镶嵌．

（1）正三角形的平面镶嵌：

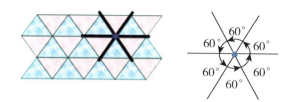

（2）正方形的平面镶嵌：

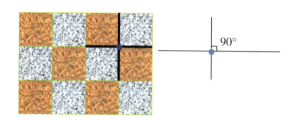

（3）正六边形的平面镶嵌：

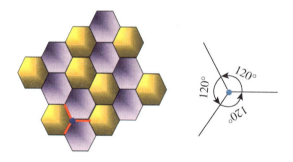

想一想：仅用正五边形能否进行平面镶嵌？

归纳

可以用同一种正多边形进行镶嵌的图形只有正三角形、正方形、正六边形，其条件是正多边形的每个内角都能被 360° 整除.

探究

用同一种任意三角形、任意四边形可以镶嵌吗？

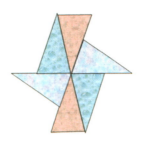

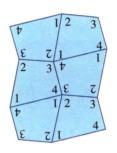

练习

1. 下列多边形一定不能进行平面镶嵌的是（   ）.

A. 三角形　　　　B. 正方形　　　　C. 任意四边形　　　　D. 正八边形

2. 用正方形一种图形进行平面镶嵌时，在它的一个顶点周围的正方形的个数是（   ）.

A. 3 个　　　　　　B. 4 个　　　　　　C. 5 个　　　　　　D. 6 个

3. 请你用边长相等的正三角形和正方形进行平面镶嵌并将图案画在以下方框里.

第四课　计算逻辑推理——数列求和

在计算推理的过程中，我们要善于灵活运用数形结合思想、从特殊到一般的数学方法，进一步发展逻辑思维能力．

活动一：求有限项数列的和．

1. 仔细观察下列式子，按照规律写出第 n 个．

$$\frac{1}{2} = 1 - \frac{1}{2}, \ \frac{1}{2^2} = \frac{1}{2} - \frac{1}{2^2}, \ \frac{1}{2^3} = \frac{1}{2^2} - \frac{1}{2^3}, \ \cdots$$

思考

（1）怎样把 $\dfrac{1}{3}$，$\dfrac{1}{3^2}$，$\dfrac{1}{3^3}$，$\cdots$，$\dfrac{1}{3^n}$ 拆项？

（2）怎样把 $\dfrac{1}{4}$，$\dfrac{1}{4^2}$，$\dfrac{1}{4^3}$，$\cdots$，$\dfrac{1}{4^n}$ 拆项？

（3）怎样把 $\dfrac{1}{a}$，$\dfrac{1}{a^2}$，$\dfrac{1}{a^3}$，$\cdots$，$\dfrac{1}{a^n}$ 拆项？（$a \geq 2$，且是正整数）

2. 有限项数列求和．

例1　计算：$\dfrac{1}{2} + \dfrac{1}{2^2} + \dfrac{1}{2^3} + \cdots + \dfrac{1}{2^n}$．

解：原式 $= 1 - \dfrac{1}{2} + \dfrac{1}{2} - \dfrac{1}{2^2} + \dfrac{1}{2^2} - \dfrac{1}{2^3} + \cdots + \dfrac{1}{2^{n-1}} - \dfrac{1}{2^n} = 1 - \dfrac{1}{2^n}$．

变式：

计算：（1）$\dfrac{1}{3} + \dfrac{1}{3^2} + \dfrac{1}{3^3} + \cdots + \dfrac{1}{3^n}$；

（2）$\dfrac{1}{4} + \dfrac{1}{4^2} + \dfrac{1}{4^3} + \cdots + \dfrac{1}{4^n}$；

（3）$\dfrac{1}{a} + \dfrac{1}{a^2} + \dfrac{1}{a^3} + \cdots + \dfrac{1}{a^n}$．

活动二：从"数"的角度求无限项数列的和．

例2　猜想：$\dfrac{1}{2}+\dfrac{1}{2^2}+\dfrac{1}{2^3}+\cdots+\dfrac{1}{2^n}+\cdots$的结果是多少？

变式：

计算：（1）$\dfrac{1}{3}+\dfrac{1}{3^2}+\dfrac{1}{3^3}+\cdots+\dfrac{1}{3^n}+\cdots$；

（2）$\dfrac{1}{4}+\dfrac{1}{4^2}+\dfrac{1}{4^3}+\cdots+\dfrac{1}{4^n}+\cdots$；

（3）$\dfrac{1}{a}+\dfrac{1}{a^2}+\dfrac{1}{a^3}+\cdots+\dfrac{1}{a^n}+\cdots$．

活动三：从"形"的角度求无限项数列的和．

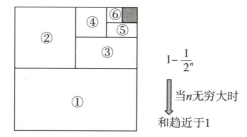

思考

上述活动二中的变式（1）（2）（3）的结果如何从"形"的角度来分析呢？

验算上述例2：$\dfrac{1}{2}+\dfrac{1}{2^2}+\dfrac{1}{2^3}+\cdots+\dfrac{1}{2^n}+\cdots=1$的猜想．

解：设$\dfrac{1}{2}+\dfrac{1}{2^2}+\dfrac{1}{2^3}+\cdots+\dfrac{1}{2^{n-1}}+\dfrac{1}{2^n}+\cdots=x$①

$2x=1+\dfrac{1}{2}+\dfrac{1}{2^2}+\cdots+\dfrac{1}{2^{n-1}}+\cdots$②

②－①：$x=1$

用同样的方法验算例2变式的猜想结果．

练习

1. 求数列 $\dfrac{1}{2} + \dfrac{1}{4} + \dfrac{1}{8} + \dfrac{1}{16} + \cdots + \dfrac{1}{2^{10}}$ 的值.

2. 求数列 $\dfrac{1}{1 \times 3} + \dfrac{1}{2 \times 4} + \dfrac{1}{3 \times 5} + \cdots + \dfrac{1}{10 \times 12}$ 的和.

3. 求下列数列的值:

(1) $1 - 2 + 3 - 4 + 5 - 6 + \cdots + 2015 - 2016 + 2017$;

(2) $1 - 2 + 3 - 4 + 5 - 6 + \cdots + (-1)^{n+1} \cdot n$.

第五课　反证法

逻辑是人的一种抽象思维，是人通过概念、判断、推理、论证来理解和区分客观世界的思维过程. 逻辑是在形象思维和直觉顿悟思维基础上对客观世界的进一步抽象. 所谓抽象是认识客观世界时舍弃个别的、非本质的属性，抽出共同的、本质的属性的过程，是形成概念的必要手段.

探究

一个岔路口分别通向诚实国和说谎国. 来了两个人，已知一个是诚实国的，另一个是说谎国的. 诚实国的人永远说实话，说谎国的人永远说谎话. 现在你要去说谎国，但不知道应该走哪条路，但只能问其中一个人，请问你应该怎么问？

例1　王戎 7 岁时，与小伙伴们外出游玩，看到路边的李树上结满了果子. 小伙伴们纷纷去摘取果子，只有王戎站在原地不动. 其中一个小伙伴好奇地问王戎为何不去摘果子，王戎回答说："树在道边而多子，此必苦李." 小伙伴摘取一个尝了一下，果然是苦李.

分析：假设李子不是苦的，即李子是甜的，那么这长在人来人往的大路边的李子会不会被过路人摘去解渴呢？树上的李子还会这么多吗？这与事实矛盾．说明李子是甜的这个假设是错的还是对的？

解：假设李子不是苦的，即李子是甜的，那么这长在人来人往的大路边的李子就会被路人摘去解渴，树上的李子就会很少甚至没有了，这与树上结满了李子矛盾．说明李子是甜的这个假设是错误的，所以，李子是苦的．

归纳

逻辑推理的证明方法：

（1）直接证明；

（2）间接证明．

直接证明就是从论据的真实直接推出论题的真实的一种证明方法．

间接证明又称为反证法，它是通过证明反论题的虚假，从而判断我们所要证明的论题真实的一种证明方法．运用间接证明方法进行证明，一般有三个步骤：

① 设立反论题（与我们所要证明的论题相反）．

② 证明反论题是虚假的．

③ 根据排中律，推出我们所要证明的论题的真实．从间接证明这个特点来看，间接证明实质上是选言推理的否定肯定式的运用，即从否定反论题真实，从而推出我们所要证明的论题真实．

反证法：

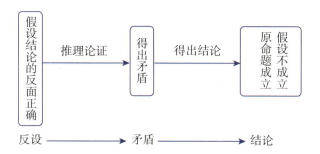

探究

你让工人为你工作 7 天，回报是一根金条，你必须在每天结束的时候给他们一段金条（每天给的金条是一样长的）．如果只允许把金条截成三段，你如何给你的工人付费？

练习

1. 美国前总统华盛顿从小就非常聪明. 一次小偷翻进鲍克家偷走了许多东西，有迹象表明，小偷就是本村人. 华盛顿灵机一动，对全村人讲起了故事："黄蜂是上帝的使者，能辨别人间的真假." 忽然华盛顿大声喊道："小偷就是他，黄蜂正在他的帽子上兜圈子，要落下来了！"大家回头张望，看着那个想把帽子上的黄蜂赶走的人，其实哪有什么黄蜂？华盛顿大喝一声："小偷就是他！"华盛顿是如何推断出小偷是谁的？

2. 一个珠宝店来了一位女士要求修理镶有珍珠的"十字架"形项链坠子. 她当着珠宝商人的面强调说："从上到下共有 13 颗珍珠，从左到右也共有 13 颗珍珠. 你别弄少了！"珠宝商人在修理时从中骗取了珍珠，但是那位女士来取时，又数了一遍珍珠的数目却没有发现少了，于是便安心回去了. 那么，这个恶劣的珠宝商人用的是什么方法呢？他骗了几颗珍珠？

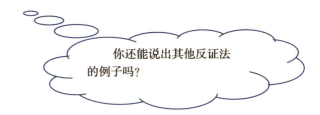

你还能说出其他反证法的例子吗？

在证明一个命题时，先假设命题不成立，从这样的假设出发，经过推理得出和已知条件矛盾，或者与定义、公理、定理等矛盾，从而得出假设命题不成立，是错误的，即所求证的命题正确. 这种证明方法叫作反证法.

例 2 已知：如图所示，两条直线 a、b 相交. 求证：a 与 b 只有一个交点 A.

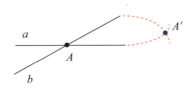

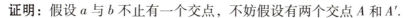

证明：假设 a 与 b 不止有一个交点，不妨假设有两个交点 A 和 A'.

因为两点确定一条直线，即经过点 A 和 A' 的直线有且只有一条，这与存在两条直线 a、b 同时经过点 A 和 A' 两点相矛盾，假设不成立.

所以两条直线相交只有一个交点.

例 3 已知：如图所示，有 a、b、c 三条直线，且 $a /\!/ c$，$b /\!/ c$. 求证：$a /\!/ b$.

$$
\begin{array}{l}
a \ \underline{\qquad\qquad\qquad} \\
\qquad\qquad\ A \\
b \ \underline{\qquad\qquad\qquad} \\
\\
c \ \underline{\qquad\qquad\qquad}
\end{array}
$$

证明：假设 a 与 b 不平行，则可设它们相交于点 A.

因为 $a /\!/ c$，$b /\!/ c$，即过点 A 就有两条直线 a、b 与直线 c 平行，这与"过直线外一点有且只有一条直线与已知直线平行"矛盾.

所以假设不成立，所以 $a /\!/ b$.

例 4 已知：$\triangle ABC$. 求证：$\triangle ABC$ 中至少有一个内角小于或等于 $60°$.

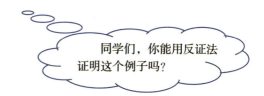

同学们，你能用反证法证明这个例子吗？

例 5 已知：在 $\triangle ABC$ 中，$AB = AC$. 求证：$\angle B$、$\angle C$ 必定是锐角.

分析：解题的关键是反证法的第一步否定结论，需要分类讨论.

证明：假设等腰三角形的底角不是锐角，那么只有两种情况：（1）两个底角都是直角；（2）两个底角都是钝角.

（1）由 $\angle A = \angle B = 90°$，得 $\angle A + \angle B + \angle C = \angle C + 90° + 90° > 180°$，这与三角形内角和定理矛盾，所以 $\angle A = \angle B = 90°$ 这个假设不成立.

（2）由 $90° < \angle B < 180°$，$90° < \angle C < 180°$，得 $\angle A + \angle B + \angle C > 180°$，这与三角形内角和定理矛盾，所以两个底角都是钝角这个假设也不成立.

故原命题正确，即等腰三角形的底角必定是锐角.

归纳

用反证法证明的三个步骤：

假设结论的
反面成立
$\Longrightarrow$
推出与已知、公理、
定理等矛盾
$\Longrightarrow$
假设不成立，
原命题成立

即

反设 $\Longrightarrow$ 归谬 $\Longrightarrow$ 结论

练习

1. 试说出下列命题的反面：

（1）a 是实数；　　　　　　（2）b 大于 2；

（3）两条直线平行；　　　　　（4）至少有 1 个．

2. 用反证法证明"若 $a^2 \neq b^2$，则 $a \neq b$"的第一步是_____．

3. 用反证法证明"如果一个三角形没有两个相等的角，那么这个三角形不是等腰三角形"的第一步是_____．

4. 已知：在 $\triangle ABC$ 中，$AB \neq AC$．求证：$\angle B \neq \angle C$．

第六课　归纳法的应用

根据一类事物的部分对象具有某种性质，推出这类事物的所有对象都具有这种性质的推理叫作归纳推理（简称归纳法）．归纳是从特殊到一般的过程，它属于合情推理．

例　求前 n 个正奇数的和．

分析：用 $S(n)$ 表示前 n 个数的和，则

$S(1) = 1$

$S(2) = 1 + 3 = 4$

$S(3) = 1 + 3 + 5 = 9$

$S（4）=1+3+5+7=16$

$S（5）=1+3+5+7+9=25$

可以看出，当 $n=1$，2，3，4，5 时，$S（n）=n^2$. 现在可以归纳出求前 n 个正奇数的和的一般规律，即 $S（n）=n^2$.

上面例题中通过观察一部分对象直接归纳得出一般规律的方法属于不完全归纳法．在日常统计归纳事物时，经常用到不完全归纳法．但是由于它只是经过观察得出结论，未经验证，因此由它得到的结论不一定对任意的 n 都成立，所以数学中通过不完全归纳法发现规律后，再用完全归纳法来进行验证，就可以保证所得规律在一般意义上都是成立的．

那么，什么是完全归纳法呢？它的证明过程一般分为两个步骤：

第一步：证明当 n 取第一个值时结论正确；

第二步：假设当 $n=k$ 时结论成立，证明当 $n=k+1$ 时结论也成立．

以上面的例题为例，用完全归纳法来加以证明．

证明：（1）当 $n=1$ 时，左边 $=1$，右边 $=1$，等式成立．

（2）设当 $n=k$ 时等式成立，即 $1+3+5+\cdots+（2k-1）=k^2$.

（3）设当 $n=k+1$ 时，左边 $=1+3+5+\cdots+（2k-1）+[2（k+1）-1]=k^2+2（k+1）-1=k^2+2k+1=（k+1）^2=$ 右边．

所以结论成立．

例 1　观察杨辉三角，你能得出哪些结论？它与二项式的展开式系数又有何关系？

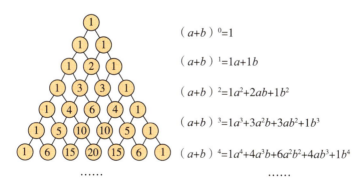

$(a+b)^0=1$

$(a+b)^1=1a+1b$

$(a+b)^2=1a^2+2ab+1b^2$

$(a+b)^3=1a^3+3a^2b+3ab^2+1b^3$

$(a+b)^4=1a^4+4a^3b+6a^2b^2+4ab^3+1b^4$

……

解：得出结论如下．

（1）三角形的两腰上的数都是 1，其余每个数都等于它"肩上"的两个数字的和．

（2）杨辉三角具有对称性（对称美），与首末两端"等距离"的两个数相等.

二项式的展开式系数为第 n 行有 n 个数，第 n 行的数字之和为 2^{n-1}，$(a+b)^n$ 展开式的各项系数就是杨辉三角的第 $(n+1)$ 行的各数值.

归纳

拓展 $(a+b)^3 = 1a^3 + 3a^2b + 3ab^2 + 1b^3$，$(a+b)^4 = 1a^4 + 4a^3b + 6a^2b^2 + 4ab^3 + 1b^4$，你能写出 $(a-b)^3$ 与 $(a-b)^4$ 的展开式吗？

例2 一个容器装有 1L 水，按照如下要求把水倒出：第 1 次倒出 $\frac{1}{2}$L 水，第 2 次倒出的水量是 $\frac{1}{2}$L 的 $\frac{1}{3}$，第 3 次倒出的水量是 $\frac{1}{3}$L 的 $\frac{1}{4}$，第 4 次倒出的水量是 $\frac{1}{4}$L 的 $\frac{1}{5}$……第 n 次倒出的水量是 $\frac{1}{n}$L 的 $\frac{1}{n+1}$……按照这种倒水的方法，这 1L 水经多少次可以倒完？

分析：容易列出倒 n 次水倒出的总水量为 $\frac{1}{2} + \frac{1}{2 \times 3} + \frac{1}{3 \times 4} + \cdots + \frac{1}{n(n+1)}$ ①. 根据分式的减法法则 $\frac{1}{n} - \frac{1}{n+1} = \frac{n+1}{n(n+1)} - \frac{n}{n(n+1)} = \frac{1}{n(n+1)}$，反过来，有 $\frac{1}{n(n+1)} = \frac{1}{n} - \frac{1}{n+1}$ ②. 利用②可将①改写为 $\frac{1}{2} + \frac{1}{2 \times 3} + \frac{1}{3 \times 4} + \cdots + \frac{1}{n(n+1)} = 1 - \frac{1}{2} + \left(\frac{1}{2} - \frac{1}{3}\right) + \left(\frac{1}{3} - \frac{1}{4}\right) + \cdots + \left(\frac{1}{n-1} - \frac{1}{n}\right) + \left(\frac{1}{n} - \frac{1}{n+1}\right)$. 化简可得最终结果为 $1 - \frac{1}{n+1}$，即倒 n 次水倒出的总水量为 $1 - \frac{1}{n+1} = \frac{n}{n+1}$（L）.

可以发现，从数学上看，随着倒水次数 n 的不断增加，倒出的总水量 $\frac{n}{n+1}$ 也不断增加. 然而，不论倒水次数 n 有多大，倒出的总水量 $\frac{n}{n+1}$ 总小于 1. 因此，按这种方法，容器中的 1L 水是倒不完的.

公鸡归纳法

某主妇养小鸡 10 只，公母各半. 她预备将母鸡养大留着生蛋，公鸡则养到

100 天就陆续杀以佐餐．每天早晨她拿米喂鸡．到第 100 天的早晨，其中的一只公鸡正在想："第 1 天早晨有米吃，第 2 天早晨有米吃，第 99 天早晨有米吃，所以今天，第 100 天的早晨，一定有米吃．"

这时，该主妇来了，正好把这只公鸡抓去杀了．这只公鸡在第 100 天的早晨不但没有吃着米，反而被杀了，虽然它已有 99 天吃米的经验，但不能证明第 100 天一定有米吃．

可见，归纳法虽然可以用来猜想某些结论，但不一定成立．

练习

1．"纵横路线图"是数学中的一类有趣的问题．下图是某城市的部分街道图，纵横各有多条路，如果从甲处走到丙处（不走回头路），那么有多少种不同的走法？我们把从甲处走到丙处各个交叉点标上相应的杨辉三角数．丙处的杨辉三角数与从甲处走到丙处的走法数值有什么关系？问：如果从甲处走到丁处呢？

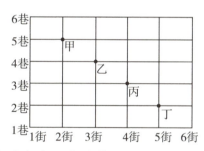

2．弹球游戏．小球向容器内跌落，遇到第一层阻挡物后向两侧跌落，遇到第二层阻挡物，再向两侧跌落遇到第三层阻挡物……如此一直下跌最终小球落入底层．根据小球落入底层具体的地区获得相应的奖品．若你是游戏导演，你该如何划分不同的奖品区域呢？

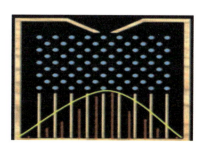

第七课　排除法的应用

在生活中，排除说用于猜字谜时，即排除一种容易猜到的谜底，而猜别的谜底．例如，"目字加两点，不作贝字猜"，谜底排除了"贝"字，而应猜"贺"字．又如，"一木口中栽，非杏也非呆"，应排除"杏"和"呆"，而应猜"束"字．

思考

想一想，我们在数学解题中，哪种类型的题目较多运用排除法？

我们在解数学题时，选择题是考试中必有的固定题型，它具有考查面宽、解法灵活、评分客观等特点．我们知道，命题分为真命题和假命题．选择题一般由题干（题设）和选择支（结论）组成．如果题干不是完全陈述句，那么题干加上正确的选择支，就构成了一个真命题；而题干加上错误的选择支，构成的就是假命题．错误的选择支也叫干扰支，解选择题的过程就是通过分析、判断、推理排除干扰支，得出正确选项的过程．

选择题的排除法就是根据题目的要求，结合所学知识，排除题干中的冗余信息或者选项中的错误选项，把一些无关的问题先予以排除，可以确定的问题先确定，尽可能缩小未确定的范围，从而降低理解难度，快速明确答案，提高正确率．

有些选择题可以利用直接法解题．直接法即根据选择题的题设条件，通过计算、推理或判断，最后达到题目要求．

有些选择题可以根据题设条件和有关知识，从 4 个答案中排除 3 个答案，根据答案的唯一性，从而确定正确的答案，这种方法称为排除法．

例1　已知 $a < b$，则下列各式中正确的是（　　　）．

A. $a < -b$　　　　　　　　　　B. $a - 3 < b - 8$

C. $a^2 < b^2$　　　　　　　　　　D. $-3a > -3b$

分析：根据题意，不等式的变形必须满足不等式性质 1、2、3 之一，选项 A、B、C 都不是根据不等式性质变形的，所以用直接法选 D.

例 2 不能判断四边形 $ABCD$ 是平行四边形的条件是（   ）.

A. $AB /\!/ CD$，$\angle B = \angle D$ B. $\angle A = \angle C$，$\angle B = \angle D$

C. $AB /\!/ CD$，$AD = BC$ D. $AD /\!/ BC$，$AD = BC$

分析：本题适合用逐步排除法．因为 B，D 的条件就是平行四边形判定定理，可以第一批排除掉，剩下 A，C 两项再判断．由 $AB /\!/ CD$，$\angle B = \angle D$ 可以再推 $AD /\!/ BC$，所以 A 也能判定平行四边形，所以答案选 C.

例 2 所用的方法为逐步排除法．所谓逐步排除法是指如果我们在计算或推导的过程中不能一步到位，而是逐步进行，即采用"走一走、瞧一瞧"的办法，每走一步都与 4 个结论比较一次，排除掉不可能的，这样也许走不到最后一步，3 个错误的结论就被全部排除掉了，剩下的即为答案．

例 3 小明上月在某文具店正好用 20 元钱买了几本笔记本，本月再去买时，恰遇此文具店搞优惠酬宾活动，同样的笔记本，每本本月比上月便宜 1 元，结果小明只比上次多用了 4 元钱，却比上次多买了 2 本．若设他上月买了 x 本笔记本，则根据题意可列方程为（   ）.

A. $\dfrac{24}{x+2} - \dfrac{20}{x} = 1$ B. $\dfrac{20}{x} - \dfrac{24}{x+2} = 1$

C. $\dfrac{24}{x} - \dfrac{20}{x+2} = 1$ D. $\dfrac{20}{x+2} - \dfrac{24}{x} = 1$

分析：本题容易想到 A 与 B、C 与 D 是有对抗关系的，而 A、B 一组与 C、D 一组也是有对抗关系的，可以用逻辑排除法来解．首先依题意得 20 元总价对应 x 本笔记本，则排除 C、D 一组；再由"每本本月比上月便宜 1 元"，排除 A，故正确答案应选 B.

所谓逻辑排除法是指在做选择题时，若 4 个选择答案之间存在逻辑关系，如有等价、包含、对抗等关系的出现，可以利用 4 个选择答案之间的逻辑关系进行取舍的一种方法．但大多数题目是要结合题目的已知条件，才能得到正确答案的．需要注意的是，这种逻辑排除法要慎用，主要是因为初中阶段所学的命题及逻辑知识有限，能用这种方法解决的题目较少．

归纳

一般在做选择题时能用直接法就用直接法进行解题. 当直接法无法更快更直接地进行解题时则选用排除法. 常用的排除法有特殊值排除法、逐步排除法和逻辑排除法等.

组合排除法, 顾名思义, 要考虑到某种组合. 这里的组合既包括区块与区块的组合, 也包括单元格与单元格的组合, 利用组合的关联与排斥的关系进行某种排除. 它也是一种模糊排除法, 同样是在不确定数字的具体位置的情况下进行排除的. 下面先看一个例子:

对于上面这个数独谜题, 你能确定数字 6 在起始于 [G4] 的区块(九宫格)中的位置吗?

要想获得正确的答案初看起来有些困难. 因为虽然在 [G9] 和 [H3] 已经存在了两个 6, 但是利用它们只能行排除区块中的 [G4] 和 [H6] 两个单元格, 还是无法确定 6 到底是在 [I4] 还是在 [I5] 中. 这时候, 组合排除法就派上用场了.

现在撇开起始于 [G4] 的区块, 先看它上面的两个区块, 即起始于 [A4] 和 [D4] 的区块. 这两个区块的共同特点是占有同样的几列, 也就是第 4 列至第 6 列, 因此它们之间的数字会相互直接影响.

	1	2	3	4	5	6	7	8	9
A	6			2	8	✕		5	
B	7			5	6?	1	8		
C	5		8	9	3	6?			
D	3	6	5	1	2	8	7	4	9
E			7	✕	5	✕	6	1	8
F	4	8	1	7	6?	6?	5	3	2
G	1				7	5		8	6
H		7	6	8	1				5
I	8	5				2		7	1

对于起始于［A4］的区块，利用［A1］处已有的数字 6 进行行排除，可以得到这个区块中可能填入 6 的位置只剩下两个：［B5］和［C6］. 对于起始于［D4］的区块，利用［E7］处已有的数字 6 进行行排除，可以得到这个区块中可能填入 6 的位置也只剩下两个：［F5］和［F6］.

这时，我们仍无法确定 6 在这两个区块中的确切位置. 但不妨对可能出现的情况做一下分析：

（1）假设在起始于［A4］的区块中，［B5］＝6，则同一区块中的［C6］必不为 6，而且［B5］将列排除［F5］，这样在起始于［D4］的区块中，只有［F6］＝6.

（2）假设在起始于［A4］的区块中，［C6］＝6，则同一区块中的［B5］必不为 6，而且［C6］将列排除［F6］，这样在起始于［D4］的区块中，只有［F5］＝6.

简单地说，只有两种可能，即［B5］＝6 且［F6］＝6，或者［C6］＝6 且［F5］＝6，绝不会再出现其他的情况. 但无论是其中哪一种情况，第 5 列和第 6 列都会有确定的 6 出现在这两个区块中，也就是说，第 5 列和第 6 列的其他位置不可能再出现数字 6. 这样，原本无法肯定的 6 在起始于［G4］区块中的位置，一下子就变得明确了.

利用起始于［A4］和［D4］的区块对起始于［G4］的区块进行列排除，可以把［I5］排除掉，这样，就只剩下［I4］可以填入 6 了．

归纳

组合排除法要满足的条件如下：

（1）如果在横向并行的两个区块中，某个数字可能填入的位置正好都分别占据相同的两行，则这两行可以被用来对横向并行的另一区块做行排除．

（2）如果在纵向并行的两个区块中，某个数字可能填入的位置正好都分别占据相同的两列，则这两列可以被用来对纵向并行的另一区块做列排除．

练习

1. 如果 $m < n < 0$，那么下列表达式中错误的是（　　）．

A. $m - 9 < n - 9$ 　　　B. $-m > -n$ 　　　C. $\dfrac{1}{m} < \dfrac{1}{n}$ 　　　D. $\dfrac{m}{n} > 1$

2. 一个最简分数，分子和分母的和是 50，如果分子、分母都减去 5，得到的最简分数是 $\dfrac{2}{3}$，这个分数原来是（　　）．

A. $\dfrac{20}{29}$ 　　　B. $\dfrac{21}{29}$ 　　　C. $\dfrac{29}{30}$ 　　　D. $\dfrac{29}{50}$

练习

3. 有一些信件，把它们平均分成 3 份后还剩下 2 封，将其中两份平均三等分还多出 2 封，则这些信件至少有（　　）．

　　A. 20 封　　　　B. 26 封　　　　C. 23 封　　　　D. 29 封

4. 下列说法中正确的是（　　）．

　A. 绝对值最小的实数是零

　B. 实数 a 的倒数为 $\dfrac{1}{a}$

　C. 两个无理数的和、差、积、商仍是无理数

　D. 一个数的平方根和它本身相等，这个数是 0 或 1

5. 请你利用组合排除法完成下面数独表．

	1	2	3	4	5	6	7	8	9
A		4	2	8		3		7	1
B	8			4	1	7		6	2
C			2		5	4	8	3
D		2			4		8		6
E			4		5	8			
F	7		8		2			4	
G	9	8	6	1		4			
H	2			5	8	6	1	9	4
I	4	1	5	9		2	6		

第八课　毕达哥拉斯定理的证明

◆ 毕达哥拉斯人物介绍 ◆

毕达哥拉斯（Pythagoras，约公元前 580—约前 500 年）古希腊数学家、哲学家．毕达哥拉斯出生在爱琴海中的萨摩斯岛（今希腊东部小岛）的贵族家庭，

自幼聪明好学，曾在名师门下学习几何学、自然科学和哲学.

　　有一次他应邀参加一位富有政要的餐会，这位主人豪华宫殿般的餐厅铺着漂亮的正方形大理石瓷砖. 由于大餐迟迟不上桌，这些饥肠辘辘的贵宾颇有怨言，但这位善于观察和理解的数学家却凝视脚下这些排列规则、漂亮的正方形瓷砖，毕达哥拉斯不只是欣赏瓷砖的漂亮，他还在想它们和"数"之间的关系. 于是他拿起画笔并且蹲在地板上，选了一块瓷砖以它的对角线为边画了一个正方形，他发现这个正方形面积恰好等于两块瓷砖的面积和. 他很好奇，于是再以两块瓷砖拼成的矩形之对角线为边作另一个正方形，他发现这个正方形的面积等于 5 块瓷砖的面积，也就是以两股为边作正方形面积之和. 至此毕达哥拉斯做了大胆的假设：任何直角三角形，其斜边的平方恰好等于另外两边平方之和……那一顿饭，这位古希腊数学大师的视线一直都没有离开地面.

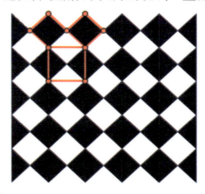

思考

毕达哥拉斯定理，也称勾股定理、商高定理、驴桥定理、蒋铭祖定理，2000 多年来，人们对毕达哥拉斯定理的证明颇感兴趣，不但因为这个定理重要、基本，还因为这个定理贴近人们的生活实际，以至于古往今来，下至平民百姓，上至帝王、总统都愿意探讨、研究它的证明，新的证法不断出现．下面介绍几种用来证明毕达哥拉斯定理的图形，你能根据这些图形及提示证明毕达哥拉斯定理吗？

1. 传说中毕达哥拉斯的证法

提示：图（1）拼成的正方形与图（2）拼成的正方形面积相等．

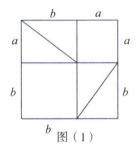 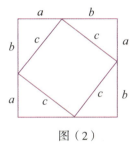

图（1）　　　　　　　　图（2）

2. 弦图的另一种证法

提示：以斜边为边长的正方形的面积 +4 个三角形的面积 = 外正方形的面积．

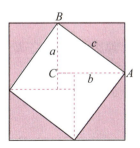

3. 美国第 20 任总统詹姆斯·加菲尔德的证法

提示：3 个三角形的面积之和 = 梯形的面积．

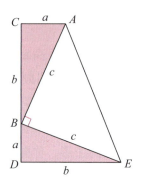

4. 欧几里得的证法

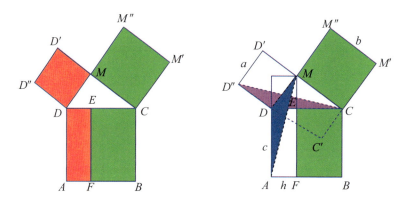

证明：如图所示，过 C 点作 $\triangle D''DC$ 的高 CC'，那么 $S_{\triangle D''DC} = \dfrac{1}{2}DD'' \times CC' = \dfrac{1}{2}a^2$

过 M 点作 $\triangle ADM$ 的高 AF，那么 $S_{\triangle ADM} = \dfrac{1}{2}ch$

在 $\triangle D''DC$ 与 $\triangle MDA$ 中

$$\begin{cases} DD'' = DM \\ \angle D''DC = \angle MDA \\ DC = DA \end{cases}$$

$\therefore \triangle D''DC \cong \triangle MDA$（SAS）

$\therefore S_{\text{四边形}DMD'D''} = S_{\text{四边形}AFED}$

同理可得

$S_{\text{四边形}MCM'M''} = S_{\text{四边形}FBCE}$

因为红色正方形的面积是 a^2，绿色正方形的面积是 b^2，所以就有 $a^2 + b^2 = c^2$．这个就是我们熟悉的勾股定理．

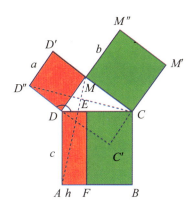

5. 利用三角函数的证法

如图所示，在 Rt$\triangle ABC$ 中，$\angle C = 90°$，求证：$AC^2 + BC^2 = AB^2$．

证明：作 $CD \perp AB$ 于点 D，有 $\angle B = \angle ACD$，

即 $\dfrac{AC}{AB} = \dfrac{AD}{AC}$

$\therefore AC^2 = AB \cdot AD$

同理：$\angle A = \angle BCD$

$\sin \angle A = \dfrac{BC}{AB}$，$\sin \angle BCD = \dfrac{BD}{BC}$

$\therefore \dfrac{BC}{AB} = \dfrac{BD}{BC}$

$\therefore BC^2 = AB \cdot BD$

$\therefore AC^2 + BC^2 = AB \cdot AD + AB \cdot BD = AB（AD + BD）= AB^2$

 归纳

勾股定理以其优美简洁的形式向我们展示了其中的奥妙．勾股定理的证明方法是多种多样的，到目前为止多达几百种，由于同学们的知识储备和认知能力有限，可能还不能理解和接受，所以有兴趣的同学可以自己去搜集这方面的知识，为未来学习打下基础.

第九课　趣味折纸（二）——折二十四面体

　　折纸是一门生活的艺术，相信很多同学都有过折纸的经历，你都会折些什么呢？飞机、小船、爱心、星星、千纸鹤、玫瑰花（下图）……甚至许多非常复杂的物体，都可以通过折纸呈现出来，折纸的过程中更是蕴含着丰富的数学图形及数学原理.

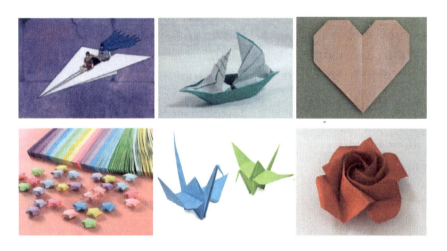

　　本节课我们就一起来折叠数学中的二十四面体，并从中体会其中蕴藏的数学知识. 材料准备：正方形彩纸两张（一大一小且均为正反双色）、剪刀、固体胶，若干彩笔.

思考

　　如下图所示，二十四面体的每个面均为等腰直角三角形，而且这些三角形的形状、大小完全相同，即全等三角形. 如何用给出的正方形纸片进行折叠呢？

探究

如下图所示，将正方形纸片折叠使其对边重合，会得到关于折痕对称的两个长方形，继续按照此种方式折叠，会得到 4 个全等的正方形．而二十四面体的每个面均为等腰直角三角形，所以应该按照何种方式进行折叠呢？

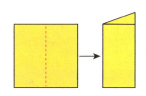

应该将正方形纸片沿其对角线进行折叠，如上图所示．

探究

沿着对角线，

对折 1 次，得到_____个等腰直角三角形；

对折 2 次，得到_____个等腰直角三角形；

对折 3 次，得到_____个等腰直角三角形；

对折 4 次，得到_____个等腰直角三角形；

……

对折 n 次，得到_____个等腰直角三角形．

二十四面体有 24 个面，也就是有 24 个等腰直角三角形，需要折叠多少次呢？

因为 $2^4 < 24$，所以折叠 4 次显然不够，$2^5 > 24$，因此需折叠 5 次．但是 $2^5 = 32$，$32 - 24 = 8$，这样又会多出 8 个等腰直角三角形，该怎么办呢？可以考虑黏合或者隐藏．

解决了这些问题，下面开始折叠操作，步骤如下：

第一步：如下图所示，取大的正方形正反双色的彩纸，将其中一面作为正面，另一面作为反面．为了更好地折出立体效果，折叠过程分为正面折叠和反面折叠．先进行正面折叠，沿对角线对折，折痕如下图所示．

第二步：如下图所示，继续进行正面折叠，沿着下图的虚线，将正方形的4 个顶点分别翻折到对角线交点上．

第三步：将纸张翻到背面，开始反向折叠．如下图所示，折出横向 3 条四等分线．

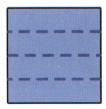  

第四步：继续进行反面折叠，如下图所示，折出纵向 3 条四等分线．

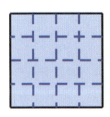  

第五步：折完后得到如下图所示的效果图，其中红色虚线为正折得到的，蓝色虚线是反折得到的．

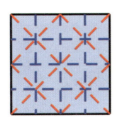 

第六步：如下图所示，用剪刀沿着图中绿色的实线剪 4 个开口．

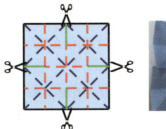 

第七步：如下图所示，将正方形纸片按照折痕往反面收拢起来，相同序号的正方形部分重叠，用胶水黏合，就得到了二十四面体的大概形状．

黏合

第八步：取原来正方形纸片的四分之一大小的小正方形纸片，按照如下图所示折痕折叠（红色虚线代表正折，蓝色虚线代表反折），作为二十四面体的顶部．

往正面对折　　　　　往反面对折

第九步：如下图所示，折好的小正方形纸片刚好可以嵌合在大正方形纸片顶部，用胶水黏合顶部，就得到了一个二十四面体．

思考

为什么折出来的多面体刚好是 24 个面？为什么采用正方形作为材料，你知道其中的原因吗？

大的正方形纸片通过前五个步骤的折叠，折出了 32 个等腰直角三角形，而在第七步黏合过程中，剪开口处的 4 个小正方形刚好"隐藏"起来，即"隐藏"了 8 个等腰直角三角形，得到 24 个面．

而对于原材料的选取，是基于正方形的对称性和有现成直角的特性，如下图所示．

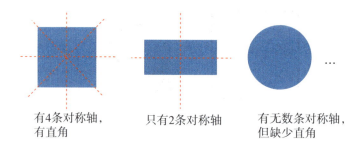

有4条对称轴，   只有2条对称轴   有无数条对称轴，
有直角   但缺少直角

探究

将得到的二十四面体进行创意设计，还可以得到独具个性的艺术品．说到 24 这个数字，你会联想到什么呢？二十四小时、二十四节气、二十四孝图等，给二十四面体每个面赋予含义，进行你的创意设计吧．

折纸也是一种技术，蕴含着许许多多对称、全等、相似、比例等数学知识，可以变平面为立体，化腐朽为神奇，可以一生多．折纸还广泛应用于物理、软件、建筑学、医药等领域．

折纸是一种艺术，愿同学们在折纸中发现生活之美，做一个有生活情趣的人．

练习

1. 对自己的二十四面体进行创意加工．
2. 课后教自己的家人折二十四面体．

第十课　几何画板的应用（二）
——利用几何画板绘制创意函数

在初一"趣味数学"中我们已经学习过利用几何画板创意绘图，几何画板软件除了可以用平移、旋转、轴对称变换、迭代等功能设计出精美的图案以外，还有更神奇的功能，首先我们一起来欣赏一些作品．

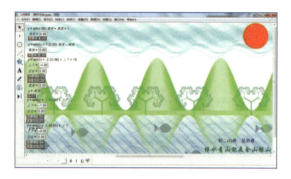

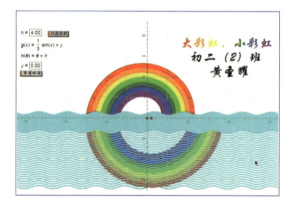

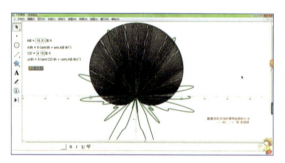

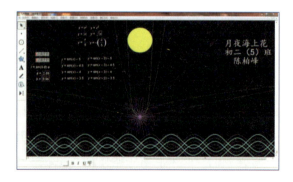

你能看出来这些都是由函数图像构成的吗？通过本节课的学习，相信聪明的同学们也能设计出属于自己的创意函数作品．

一、如何绘制常见函数图像

1. 常见的函数图像

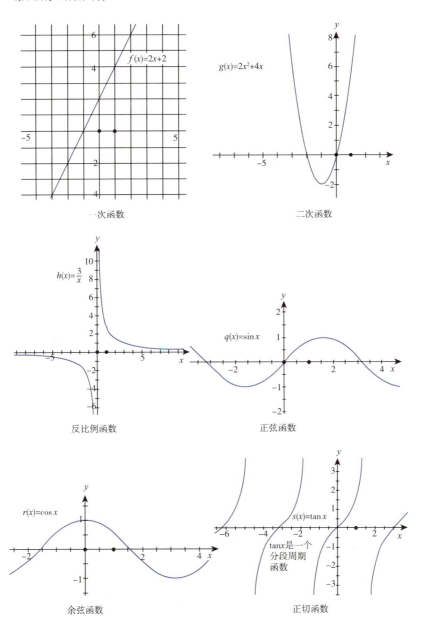

一次函数 二次函数

反比例函数 正弦函数

余弦函数 正切函数

在几何画板中，选择"绘图"—"新建函数"命令，只要输入函数的表达式，就可以直接作出函数图像．

2. 分段函数的图像

绘制分段函数方法：

（1）绘制函数，得到函数图像．

（2）右击函数图像，选择"属性"—"绘图"命令，定义自变量的取值范围．

（3）再画另外一段函数．

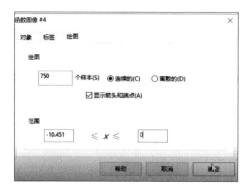

例1　试用几何画板功能，画出以下分段函数的图像．

$$y = \begin{cases} \sin x & (x \leqslant 0) \\ x^2 & (0 < x < 3) \\ 9 & (x \geqslant 3) \end{cases}$$

二、如何利用动画追踪填充颜色

以下几幅作品都有五彩缤纷的颜色，那么我们如何给作品上色呢？我们可以利用动画追踪功能填充颜色．

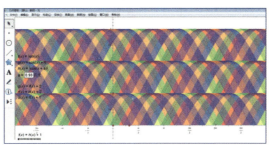

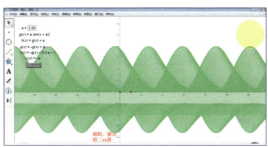

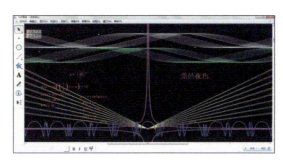

例2　追踪函数 $y = kx$ 的函数图像．

（1）输入一个带参数的函数解析式，绘制它的函数图像（以 $y = kx$ 为例）．

（2）选择参数 k，选择"编辑"—"操作类按钮"—"动画"命令．

（3）设置参数的范围和速度．

（4）选择"显示"—"追踪"命令．

（5）单击"动画参数"按钮，即可看到动画效果．

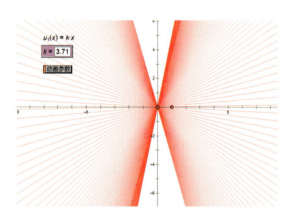

利用追踪函数图像填充丰富图像颜色：

输入以下函数解析式，参数 a 的取值范围是 $0 \leqslant a \leqslant 2$．

若 $a = 2.00$

$f(x) = a \cdot | \sin(x+a) |$

$g(x) = f(x) + a$

$h(x) = -f(x) + a$

$q(x) = -f(x) - 0.3 \cdot a - 1$

$r(x) = -a$

注意：要一边运动一边停下来改变颜色和线型，这样才能丰富我们的图案．

练习

　　请你通过绘制函数图像设计一份有函数元素的作品，以截图的方式保存．要求高清原图，图上要有几何画板的边框和函数解析式，并用一句简洁诙谐、有诗意、有内涵的话概括你的作品．

初三"智慧数学"校本课程

亲爱的同学，祝贺你升入九年级．

你将要学习的这本《智慧数学》是由本校初中数学科组的老师编写的，这是你在七至九年级要学习的五册教科书中的最后一册．

数学思想方法是中学数学教学的重要内容之一．任何数学问题的解决无不以数学思想为指导，以数学方法为手段．本册书我们将从整体思想入手，揭开数学思想方法学习的序幕．在这里你将会发现，有了数学思想方法的指导，一切都会变得非常简单．

常用的数学思想方法数形结合是沟通代数与几何的桥梁，在数学问题的解决过程中起着非常重要的作用．数形结合是如何结合的？又是如何应用的呢？学习了本册知识，相信你一定会有更多的收获．

方程与函数是我们解决问题的一把"利剑"．方程与函数作为基本的数学思想方法，也是非常值得我们去研究与归纳的．掌握了方程与函数的知识，你将能对数学符号语言有更多的认识．

当数学问题中的条件、结论不明确或题意中含参数或图形不确定时，就应分类讨论．而中考当中的考查热点除了有分类讨论，还有另一个重要的数学思想归纳推理，也将在本书中学习．

最后我们将来进行两个相似三角形的应用实践活动"测量旗杆高度"和"制作视力表"，把所学的知识与实践活动紧密结合，学以致用．

数学伴随着我们成长，数学伴随着我们进步，数学伴随着我们成功，让我们一起跟着这本书，畅游神奇、美妙的数学世界吧！

第一课 整体思想（一）

数学思想是人们对数学知识的本质认识，是从某些具体的数学内容和对数学的认识过程中提炼总结的数学观点．它在认识活动中被反复运用，带有普遍的指导意义，是建立数学模型和用数学知识解决问题的指导思想．

数学方法是在数学思想的指导下，为数学思维活动提供具体的实施手段，是从数学的角度提出问题、解决问题所采用的方式、手段、途径等．

实际上，数学思想和数学方法两者的本质是相同的，差别只是站在不同的角度看问题，通常混称为"数学思想方法"．常见的数学四大思想为：函数与方程、转化与化归、分类讨论、数形结合．通俗地讲，数学概念原理是肉体而数学思想方法是灵魂，它们共同组成了数学的知识体系．

整体思想是在研究和解决有关数学问题时，通过研究问题的整体形式、整体结构、整体特征，从而对问题进行整体处理的解题方法．

思考

已知方程组 $\begin{cases} ax + by = 4 \\ bx + ay = 5 \end{cases}$ 的解是 $\begin{cases} x = 2 \\ y = 1 \end{cases}$ ，则 $a + b = $ _____ ．

你有几种方法可以解决上面的问题？哪种方法更简便？

例1 若 $x=1$，代数式 ax^3+bx+7 的值为 4，则当 $x=-1$ 时，求 ax^3+bx+7 的值.

例2 若 $\dfrac{1}{a}+\dfrac{1}{b}=4$，则 $\dfrac{a-3ab+b}{2a+2b-7ab}=$ _____ .

方法1：从已知出发，整体代入 $a+b$ 的值，由已知条件得 $a+b=4ab$.

方法2：从所求代数式出发，上下同除 ab，整体代入 $\dfrac{1}{a}+\dfrac{1}{b}$ 的值.

变式：当 $\dfrac{a-b}{a+b}=4$ 时，求代数式 $\dfrac{2(a+b)}{a-b}-\dfrac{4}{3}\dfrac{(a-b)}{(a+b)}$ 的值.

例 3 若方程组 $\begin{cases} 3x + y = k + 1 \\ x + 3y = 3 \end{cases}$ 的解为 x、y，且 $2 < k < 4$，求 $x - y$ 的取值范围.

方法 1： 解方程组用 k 分别表示出 x、y，进而用 k 表示出 $x - y$.

方法 2： 把 $x - y$ 看成一个整体，通过观察①②就可以得出 $x - y$.

归纳

运用整体思想解题，要有强烈的整体意识，要认真分析问题的条件或结论的表达形式、内部结构特征，不拘泥于常规，不着眼于问题的各个组成部分，从整体上观察，从整体上分析. 运用整体思想，往往能达到化繁为简，化难为易的效果.

练习

1. 已知 $\begin{cases} a + 2b = 4 \\ 3a + 2b = 8 \end{cases}$，则 $a + b$ 等于（　　　）.

A. 3　　　　　B. $\dfrac{8}{3}$　　　　　C. 2　　　　　D. 1

2. 已知实数 a、b 满足 $ab = 1$，$a + b = 2$，求代数式 $a^2b + ab^2$ 的值.

3. 已知 $y + 2x = 1$，求代数式 $(y + 1)^2 - (y^2 - 4x)$ 的值.

第二课　整体思想（二）

从整体上去认识问题、思考问题，常常能化繁为简，变难为易，又能培养自己思维的灵活性和敏捷性.

例1　如右图所示，⊙A、⊙B、⊙C 两两不相交，且半径都是 0.5 cm，则图中的阴影面积为多少？

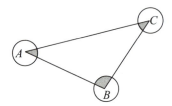

解析：由于不能求出各个扇形的面积，因此要将三个阴影部分做整体考虑，注意到三角形内角和为 180°，所以三个扇形的圆心角和为 180°，又因为各个扇形的半径相等，所以阴影部分的面积就是半径为 0.5 cm 的半圆的面积.

变式：如右图所示，⊙A，⊙B，⊙C，…两两不相交，且半径都是 0.5 cm，则图中的阴影面积为多少？

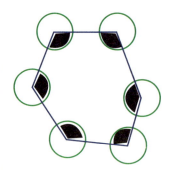

例2 为了求 $1 + 2 + 2^2 + 2^3 + \cdots + 2^{100}$ 的值，可令 $S = 1 + 2 + 2^2 + 2^3 + \cdots + 2^{100}$，则 $2S = 2 + 2^2 + 2^3 + 2^4 + \cdots + 2^{101}$。因此，$2S - S = 2^{101} - 1$。所以 $S = 2^{101} - 1$，即 $1 + 2 + 2^2 + 2^3 + \cdots + 2^{100} = 2^{101} - 1$。仿照以上推理计算 $1 + 3 + 3^2 + 3^3 + \cdots + 3^{2014}$ 的值。

归纳

整体思想表现形式：整体代入、整体加减、整体代换、整体联想、整体补形等。

练习

阅读材料，解答问题。

为了解方程 $(x^2 - 1)^2 - 5(x^2 - 1) + 4 = 0$。我们可以将 $x^2 - 1$ 视为一个整体，然后设 $x^2 - 1 = y$，则原方程可化为 $y^2 - 5y + 4 = 0$ ①。解得 $y_1 = 1$，$y_2 = 4$。当 $y = 1$ 时，$x^2 - 1 = 1$，$x^2 = 2$，$x = \pm\sqrt{2}$；当 $y = 4$ 时，$x^2 - 1 = 4$，$x^2 = 5$，$\therefore x = \pm\sqrt{5}$，$\therefore x_1 = \sqrt{2}$，$x_2 = -\sqrt{2}$，$x_3 = \sqrt{5}$，$x_4 = -\sqrt{5}$。在由原方程得到方程①的过程中，利用换元法达到了降次的目的，体现了整体思想。

请用上述方法解方程：$x^4 - x^2 - 6 = 0$。

第三课　数形结合思想（一）

数形结合思想是指将数（量）与形（图）结合起来分析、研究、解决问题的一种思维策略．数形结合就是把抽象的数学语言、数量关系与直观的几何图形、位置关系结合起来，通过"以形助数"或"以数解形"，即利用形的直观加深对数量关系的理解或利用数的抽象加深对图形的认识，实现了抽象思维与形象思维的结合与转换，具体体现如下：

（1）"数"的常见表现形式为实数、代数式、函数和不等式等．

（2）"形"的常见表现形式为直线、角、三角形、四边形、多边形、圆、抛物线、相似、勾股定理等．

例如，如图所示，把同样大小的黑色棋子摆放在正多边形的边上，按照这样的规律摆下去，则第 n 个图形需要黑色棋子的个数是多少？

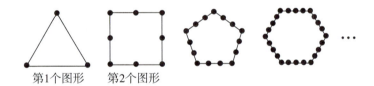

第1个图形　第2个图形

思考

你有几种方法可以解决上面的问题？哪种方法更简便？

从图形入手，找出图形中黑点的个数与第 n 个图形之间的规律后，再用含有 n 的表达式表达，运用数形结合的思想比单纯计算出结果再找规律简单．

例 1　用棋子按下列方式摆图形，依照此规律，第 n 个图形比第 $(n-1)$ 个图形多＿＿＿＿＿枚棋子．

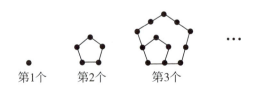

第1个　　第2个　　　第3个

探究

二元一次方程组 $\begin{cases} 2x+y+3=0 \\ 4x+2y+1=0 \end{cases}$、$\begin{cases} 2x+y+1=0 \\ x+2y=0 \end{cases}$、$\begin{cases} 2x+4y=0 \\ x+2y=0 \end{cases}$ 的解分别有几个?

求二元一次方程组的解的问题可以转化为求两条直线的交点的问题．方程组 $\begin{cases} 2x+y+3=0 \\ 4x+2y+1=0 \end{cases}$ 无解，因为两条直线 $2x+y+3=0$、$4x+2y+1=0$ 的位置关系是平行，如图（1）所示，无交点，没有公共解；方程组 $\begin{cases} 2x+y+1=0 \\ x+2y=0 \end{cases}$ 只有一个解，因为两条直线 $2x+y+1=0$、$x+2y=0$ 的位置关系是相交，如图（2）所示，只有一个交点；方程组 $\begin{cases} 2x+4y=0 \\ x+2y=0 \end{cases}$ 有无数多组解，因为两条直线 $2x+4y=0$、$x+2y=0$ 的位置关系是重合，如图（3）所示，有无数多组公共解．

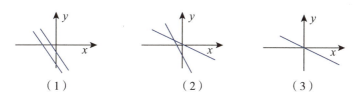

（1）　　　　　　　　（2）　　　　　　　　（3）

例2　填表：

项目	内容		
一元二次方程	$x^2-2x-3=0$	$x^2-2x+1=0$	$x^2-2x+3=0$
根的判别式	$\Delta>0$	$\Delta=0$	$\Delta<0$
方程的根			
二次函数	$y=x^2-2x-3$	$y=x^2-2x+1$	$y=x^2-2x+3$
函数图像（简图）			
函数与 x 轴的交点			
一元二次不等式	$x^2-2x-3>0$	$x^2-2x+1>0$	$x^2-2x+3>0$
解集			
一元二次不等式	$x^2-2x-3<0$	$x^2-2x+1<0$	$x^2-2x+3<0$
解集			

思考

观察表格中的三个函数的图像，对比二次函数、一元二次方程、一元二次不等式有哪些关系？

归纳

（1）二次函数的图像与 x 轴的交点问题常根据一元二次方程的根的情况来解决；反过来，一元二次方程的根的问题，又常用二次函数的图像来解决．

（2）利用函数的图像，数形结合能更好地求不等式的解集：先观察图像，找出抛物线与 x 轴的交点，再根据交点的坐标写出不等式的解集．

变式：在同一直角坐标系中画出函数 $y = x^2$ 和 $y = -2x + 3$ 的图像，如下图所示，它们的交点分别为 $(-3, 9)$ $(1, 1)$．

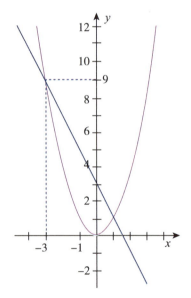

（1）方程组 $\begin{cases} y = x^2 \\ y = -2x + 3 \end{cases}$ 的解是 _____．

（2）由图像可知，不等式 $x^2 > -2x + 3$ 的解集是 _____．

（3）不等式 $x^2 < -2x + 3$ 的解集是 _____．

练习

如下图所示，二次函数 $y = ax^2 + bx + c$ 的图像开口向上，图像过点 $(-1, 2)$ 和 $(1, 0)$，且与 y 轴负半轴相交．根据图所提供的信息，请你写出有关 a，b，c 的至少 4 条结论，并简单说明理由．

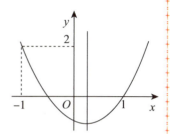

第四课　数形结合思想（二）

思考

如下图所示，Rt $\triangle ABC \cong$ Rt $\triangle ADE$，$\angle A = 90°$，BC 和 DE 交于点 P，若 $AC = 3$，$AB = 4$，则 P 点到 AB 边的距离是 ＿＿＿＿＿＿．

你能用几种方法计算出结果？

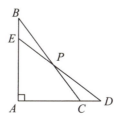

方法 1：添加辅助线，利用相似三角形的判定和性质列方程，然后解方程.

方法 2：如下图所示，建立平面直角坐标系.

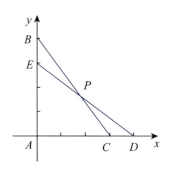

直线 BC 可以表示为 $y = -\dfrac{4}{3}x + 4$

直线 ED 可以表示为 $y = -\dfrac{3}{4}x + 3$

交点横坐标为 $x = \dfrac{12}{7}$

运用坐标系和函数方法解题，思路简洁，以数解形，以形助数，运用构建坐标系的代数方法解决几何问题的效果较理想.

例 1 如右图所示，已知直线 $y = -3x + 3$ 与 x 轴交于点 A，与 y 轴交于点 C，抛物线 $y = ax^2 + bx + c$ 经过点 A 和点 C，对称轴为直线 l：$x = -1$，该抛物线与 x 轴的另一个交点为 B.

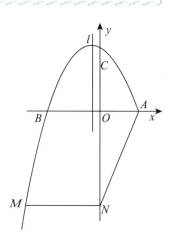

（1）求此抛物线的解析式.

（2）点 M 在此抛物线上，点 N 在 y 轴上，以 A、B、M、N 为顶点的四边形能否为平行四边形？若能，求出所有满足要求的点 M 的坐标；若不能，请说明理由.

练习

抛物线 $y = ax^2 + bx + c$（$a \neq 0$）与 y 轴正半轴交于点 C（0，4），与 x 轴交于点 A（2，0）、B（8，0）.

（1）求抛物线的解析式；

（2）在直角坐标平面内确定点 M，使得以点 M、A、B、C 为顶点的四边形是平行四边形，请直接写出点 M 的坐标.

例2 （2016·广东）如下图所示，BD 是正方形 $ABCD$ 的对角线，$BC = 2$，边 BC 在其所在的直线上平移，将通过平移得到的线段记为 PQ，连接 PA、QD，并过点 Q 作 $QO \perp BD$，垂足为 O，连接 OA、OP.

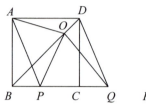 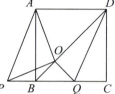

（1）请直接写出线段 BC 在平移过程中四边形 $APQD$ 是什么四边形.

（2）请判断 OA、OP 之间的数量关系和位置关系，并加以证明.

（3）在平移变换过程中，设 $y = S_{\triangle OPB}$，$BP = x$（$0 \leqslant x \leqslant 2$），求 y 与 x 之间的函数解析式，并求出 y 的最大值.

思考

为什么四边形 $APQD$ 不可能是菱形？

探究

你认为这道中考题有没有可以优化的地方？大胆谈谈自己的见解.

疑问：题目已知条件"边 BC 在其所在的直线上平移"，并没有强调平移的开始和截止的位置，因此可以有以下三种图形：

（1）如左图所示，当 BC 向右平移时，证明方法同图例2.

（2）如右图所示，当 BC 向左平移时，证明方法同图例2.

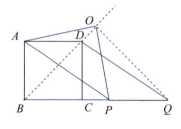 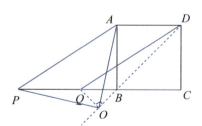

如下图所示，P 与 B 点重合，则导致作图过程中的点 Q 与 C 重合，结论一目了然.

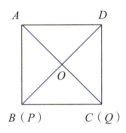

第五课　函数与方程思想（一）

所谓函数与方程思想是指把数学问题特别是非函数、非方程的问题用函数与方程的观点（知识）去解决. 这种思想方法是解决数学问题重要的思想方法之一，也是中考中主要考查的几种数学思想之一.

方程思想是一种数学思想，是在求解数学问题时，从题中的已知量和未知量之间的数量关系入手，找出相等关系，运用数学符号语言将其转化为方程，再通过解方程来解决问题.

◆• **函数与方程思想在代数问题中的应用** •◆

例1　函数 $y = \dfrac{\sqrt{x-2}}{x}$ 中，自变量 x 的取值范围是（　　　）.

A. $x \neq 0$　　　　B. $x \geq 2$　　　　C. $x > 2$ 且 $x \neq 0$　　　　D. $x \geq 2$ 且 $x \neq 0$

变式：

1. 函数 $y = \dfrac{1}{x+1}$ 中，自变量 x 的取值范围是（　　　）.

A. $x > -1$　　　　B. $x < -1$　　　　C. $x \neq -1$　　　　D. $x \neq 0$

2. 函数 $y = \dfrac{\sqrt{3-x}}{x+2}$ 的自变量 x 的取值范围是＿＿＿＿＿＿＿.

思考

函数中自变量的取值范围共有几种基本情况?

例2 若 $(a-3)(a+5)=a^2+ma+n$,则 m,n 的值分别为(　　).

A. -3,5　　　　　　　　B. 2,-15

C. -2,-15　　　　　　　D. 2,15

变式: 若 $(a+\sqrt{2})^2$ 与 $|b-1|$ 互为相反数,则 $\dfrac{1}{b-a}$ 的值为_____.

在解决例1、例2的问题时,从题中的已知量和未知量之间的数量关系入手,寻求隐含在题目中的方程、方程组、不等式,从而解决问题.

例3 已知反比例函数 $y=\dfrac{k}{x}$ 与一次函数 $y=2x+k$ 的图像的一个交点的纵坐标是 -4,则 k 的值为_____.

解析:两个函数的交点坐标问题可以转化为两个方程联立方程组的解的问题,运用方程方法解决.

变式: 如右图所示,一次函数 $y=kx+n$ 的图像与 x 轴和 y 轴分别交于点 $A(6,0)$ 和 $B(0,2\sqrt{3})$,线段 AB 的垂直平分线交 x 轴于点 C,交 AB 于点 D.

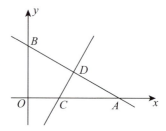

(1)试确定这个一次函数关系式.

(2)求过 A、B、C 三点的抛物线的函数关系式.

解析:求两个函数的解析式问题,可以运用待定系数法,联立方程组求解.

　　例4　某汽车租赁公司拥有20辆汽车.据统计,当每辆车的日租金为400元时,可全部租出;当每辆车的日租金每增加50元时,未租出的车将增加一辆.公司平均每日的各项支出共4800元.设公司每日租出 x 辆车时,日收益为 y 元.

　　(1) 公司每日租出 x 辆车时,每辆车的日租金为＿＿＿＿＿元.(用 x 的代数式表示)

　　(2) 每日租出多少辆车,租赁公司最大?最大为多少元?

　　(3) 每日租出多少辆车,租赁公司不盈也不亏?

　　解析:(1)(2)根据相等关系构建函数关系式,(3)根据题意列出方程.

　　归纳

　　应用方程函数思想解题时应注意:①要挖掘蕴含于题目中的相等、不等关系;②要正确运用函数、方程(组)、不等式(组)等数学模型解决问题.

练习

1. 矩形的周长是 8 cm，设一边长为 x cm，另一边长为 y cm.

（1）求 y 关于 x 的函数关系式.

（2）画出函数的图像.

2. 已知二次函数 $y = ax^2 + bx + c$，若 $a > 0$，$b < 0$，$c < 0$，下面关于这个函数与 x 轴的交点情况正确的是（   ）.

A. 只有一个交点

B. 有两个，都在 x 轴的正半轴

C. 有两个，都在 x 轴的负半轴

D. 一个在 x 轴的正半轴，一个在 x 轴的负半轴

3. 山西特产专卖店销售核桃，其进价为每千克 40 元，按每千克 60 元出售，平均每天可售出 100 千克．后来经过市场调查发现，单价每降低 2 元，则平均每天的销售可增加 20 千克．该专卖店销售这种核桃要想平均每天获利 2240 元，请回答：

（1）每千克核桃应降价多少元？

（2）在平均每天获利不变的情况下，为尽可能让利于顾客，赢得市场，该店应按原售价的几折出售？

第六课　函数与方程思想（二）

◆· **函数与方程思想在几何问题中的应用** ◆·

例1　如下图所示，在矩形纸片 $ABCD$ 中，$AB=4$，$AD=3$，折叠纸片使 AD 边与对角线 BD 重合，折痕为 DG，则 AG 的长为（　　）.

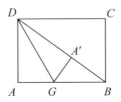

A. 1　　　　B. $\dfrac{4}{3}$　　　C. $\dfrac{3}{2}$　　　D. 2

解析：运用勾股定理建立方程.

变式：如下图所示，在矩形 $ABCD$ 中，$AB=2$，$BC=3$，对角线 AC 的垂直平分线分别交 AD、BC 于点 E、F，连接 CE，则 CE 的长为_____.

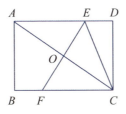

例2　如右图所示，在平面直角坐标系内，已知点 A（0，6）、点 B（8，0），动点 P 从点 A 开始在线段 AO 上以每秒 1 个单位长度的速度向点 O 移动，同时动点 Q 从点 B 开始在线段 BA 上以每秒 2 个单位长度的速度向点 A 移动，设点 P、Q 移动的时间为 t 秒.

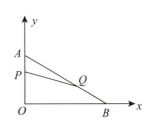

（1）求直线 AB 的解析式.

（2）当 t 为何值时，$\triangle APQ$ 与 $\triangle AOB$ 相似？

（3）当 t 为何值时，$\triangle APQ$ 的面积为 $\dfrac{24}{5}$ 个平方单位？

解析：（1）运用待定系数法构建方程组求解析式．

（2）运用相似三角形对应边成比例构建方程．

（3）运用题目已知条件构建方程．

例 3　如右图所示，某公路隧道横截面为抛物线，其最大高度为 6 m，底部宽度 OM 为 12 m. 现以 O 点为原点，OM 所在直线为 x 轴建立直角坐标系．

（1）直接写出点 M 及抛物线顶点 P 的坐标．

（2）求这条抛物线的解析式．

（3）若要搭建一个矩形"支撑架" $AD-DC-CB$，使 C、D 点在抛物线上，A、B 点在地面 OM 上，则这个"支撑架"总长的最大值是多少？

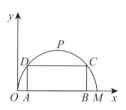

解析：（2）运用待定系数法构建方程求解析式．

（3）根据题意，把生活语言转化为数学语言，列出函数式，求最值．

归纳

应用函数思想的几种常见题型是：遇到变量，构造函数关系解题；有关方程、最值之类的问题，利用函数观点加以分析；实际应用问题，翻译成数学语言，建立数学模型和函数关系式，应用函数性质等知识解答．方程思想从问题的数量关系分析入手，运用数学语言将问题中的条件转化为数学模型（方程或方程组）．

练习

1. 已知，在等腰 △ABC 中，顶角 ∠A = 36°，BD 为 ∠ABC 的平分线，则 $\frac{AD}{AC}$ 的值为（　　）.

A. $\frac{1}{2}$　　　B. $\frac{\sqrt{5}-1}{2}$　　　C. 1　　　D. $\frac{\sqrt{5}+1}{2}$

2. 如右图所示，在 △ABC 中，∠C = 45°，BC = 10，高 AD = 8，矩形 EFPQ 的一边 QP 在 BC 边上，E，F 两点分别在 AB、AC 上，AD 交 EF 于点 H. 设 EF = x，当 x 为何值时，矩形 EFPQ 的面积最大？并求其最大值.

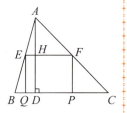

3. 如右图所示，在 Rt△ABC 中，∠ACB = 90°，AC = 4，BC = 3，以 BC 上一点 O 为圆心作 ⊙O，与 AC、AB 分别相切于 C 点、E 点，则 ⊙O 的半径为_____.

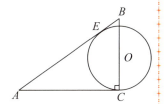

4. 如右图所示，已知 AB 是 ⊙O 的弦，P 是 AB 上一点，若 AB = 10 cm，PB = 4 cm，OP = 5 cm，则 ⊙O 的半径等于_____ cm.

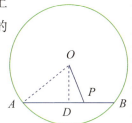

第七课　分类讨论思想（一）

所谓分类讨论，就是当问题所给的对象不能进行统一研究时，我们就需要对研究对象进行分类，然后对每一类分别进行研究，得出每一类的结果，最后综合各类的结果，得到整个问题的答案．

实际上，分类讨论是"化整为零，各个击破，再积零为整"的策略．

简单地说，把研究的对象，按照一定的标准，划分成几种情况或几个部分，逐一进行研究和解决的方法叫作分类讨论法．

（1）点的位置不确定需分类讨论．

例1　已知直线 AB 上有一点 C，且有 $CA = 7$，$BC = 3$，点 M 平分线段 AC，点 N 平分线段 BC，则线段 $MN =$ _____．

解析：由于线段端点的位置是不确定的，所以我们需要分不同情况讨论，即分类讨论．

线段端点的不确定 $\begin{cases} ①点\ B\ 在\ AC\ 之间 \\ ②点\ B\ 在\ AC\ 之外 \end{cases}$

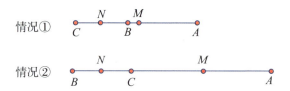

当数学问题中的条件、结论不明确或题意中含参数或图形不确定时，就应分类讨论．分类讨论解题的实质是将整体问题化为部分问题来解决，以增加题设条件．通过分类讨论，可保证题目条件的完整性与确定性．

思考

分类讨论首先是分类，没有正确的分类，就不可能有正确的讨论，而分类本身是一种逻辑上的划分．请你思考：正确的分类划分要遵循哪些规则．

例 1 是端点的分类讨论，下面我们再来看几何图形中更多线段、角度、高等的分类讨论．

（2）线的位置不确定需分类讨论．

例 2 在同一平面上 $\angle AOC = 70°$，$\angle BOC = 30°$，射线 OM 平分 $\angle AOC$，ON 平分 $\angle BOC$，则 $\angle MON =$ _____．

解析：此题的图形也具有不确定性，因此要注意对角的一边进行分类讨论．

角的一边不确定 $\begin{cases} ①OB\ 在 \angle AOC\ 之间 \\ ②OB\ 在 \angle AOC\ 之外 \end{cases}$

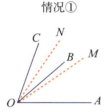 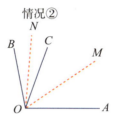

情况①　　　　　　情况②

（3）高的位置不确定需分类讨论．

例 3 已知三角形 ABC 中 $AB = 15$，$AC = 13$，高 $AD = 12$，则这个三角形的面积是_____．

解析：线段的分类讨论不得不提到三角形的高．三角形的高的位置可分为在三角形内和在三角形外两种情况．

高的不确定 $\begin{cases} ①高在三角形内 \\ ②高在三角形外 \end{cases}$

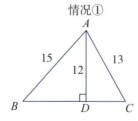 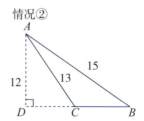

情况①　　　　情况②

（4）圆周角的顶点位置不确定需分类讨论．

例 4 在半径为 5 cm 的 $\odot O$ 中，弦 $AB = 5$ cm，点 C 是 $\odot O$ 上任意一点（不与 A、B 两点重合），则 $\angle ACB =$ _____．

解析：题目中圆上的点 C 的位置是不确定的，点 C 与弦 AB 可以在圆心的

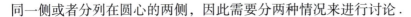
同一侧或者分列在圆心的两侧，因此需要分两种情况来进行讨论．

（5）两平行弦相对于圆心的位置不确定需分类讨论．

例 5 已知：⊙O 的半径为 5，弦 $AB /\!/ CD$，$AB = 6$，$CD = 8$，则 AB 与 CD 之间的距离为_____．

解析：在圆上的两条弦位置也是不确定的：①两弦在圆心的同一侧；②两弦分列在圆心的异侧．

归纳

划分的规则：

（1）划分后各个子项应当互不相容（不重）．

（2）划分后各个子项必须穷尽母项（不漏）．

（3）每次划分都应按同一标准．

练习

1. 已知等腰三角形的一个内角为 65°，则其底角为_____．

2. 已知等腰三角形的一个外角为 80°，则其顶角为_____．

3. 若等腰三角形的一边长为 3，另一边长为 6，则它的周长为_____．

4. 若点 P 是⊙O 所在平面内的一点，到⊙O 上各点的最小距离是 1，到⊙O 的最大距离是 7，该圆的半径为_____．

5. 弦 AB 把⊙O 的圆周分成 1∶2，则弦 AB 所对的圆周角的度数是_____．

6. 已知⊙O 半径为 1，AB、AC 是⊙O 的弦，$AB = \sqrt{3}$，$AC = \sqrt{2}$，$\angle BAC$ 的度数为_____．

7. 在直径为 20 的圆中，有一条弦长 16，则它对的弓形的高是_____．

8. 已知△ABC 内接于圆 O，$\angle OBC = 35°$，则 $\angle A$ 的度数为_____．

第八课　分类讨论思想（二）

探究

如下图所示，线段 OD 的一个端点 O 在直线 a 上，以 OD 为一边画等腰三角形，并且使第三个顶点在直线 a 上，这样的等腰三角形能画多少个？

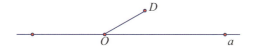

归纳

等腰三角形的分类讨论如下图所示．

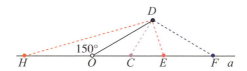

（1）O 为顶角顶点．

（2）D 为顶角顶点．

（3）未知点为顶角顶点．

练习

1. 如右图所示，线段 OD 的一个端点 O 在直线 b 上，以 OD 为一边画等腰三角形，并且使第三个顶点在直线 b 上，这样的等腰三角形能画多少个？

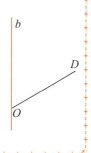

练习

2. 如下图所示，在平面直角坐标系 xOy 中，已知点 D 的坐标为 $(3，4)$，点 P 是 x 轴正半轴上的一个动点，如果 $\triangle DOP$ 是等腰三角形，写出点 P 的坐标．

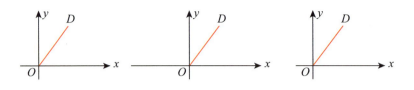

例 如右图所示，在 $\triangle ABC$ 中，$\angle ACB = 90°$，$AC = BC = 1$，点 P 在边 AB 上（不与点 A、B 重合），作 $\angle CPQ = \angle A$，PQ 交 BC 于点 Q．

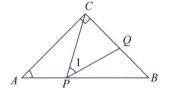

（1）求证：$\triangle ACP \backsim \triangle BPQ$．

（2）当 CQ 取何值时，$\triangle PCQ$ 是等腰三角形？

解析：（2）分三种情况讨论．

变式： 如下图所示，在三角形的边上找出一点，使得该点与三角形的两顶点构成等腰三角形，你能画出几种？

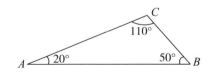

备用图

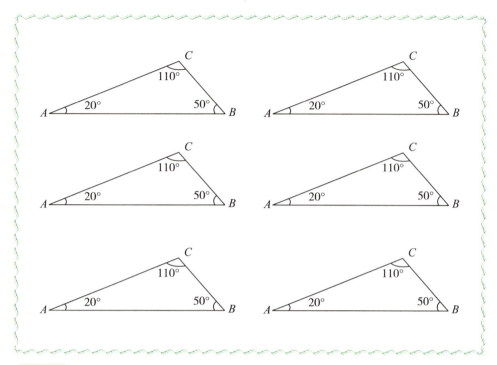

练习

如右图所示，在 Rt$\triangle ABC$ 中，$\angle B = 90°$，$BC = 5$，$\angle C = 30°$. 点 D 从点 C 出发沿 CA 方向以每秒 2 个单位长度的速度向点 A 匀速运动，同时点 E 从点 A 出发沿 AB 方向以每秒 1 个单位长度的速度向点 B 匀速运动，当其中一个点到达终点时，另一个点也随之停止运动. 设点

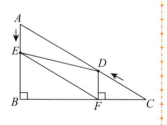

D、E 运动的时间是 t 秒（$t > 0$）. 过点 D 作 $DF \perp BC$ 于点 F，连接 DE、EF.

（1）求证：$AE = DF$.

（2）四边形 $AEFD$ 能成为菱形吗？如果能，求出相应的 t 值；如果不能，说明理由.

（3）当 t 为何值时，$\triangle DEF$ 为直角三角形？请说明理由.

第九课　化归思想（一）

回顾我们处理数学问题的过程和经验会发现，我们常常将待解决的陌生问题通过转化归结为一个比较熟悉的问题来解决，因为这样就可以充分调动和运用我们已有的知识、经验和方法，我们也常将一个复杂的问题转化归结为一个或几个简单的问题来解决．它们的科学概括就是数学上解决问题的一般思想方法——化归．

例 1　若 $2a^m b^{2m+3n}$ 与 $a^{2n-3}b^8$ 的和仍是一个单项式，则 m 与 n 的值分别是（　　）．

A. 1，2　　　　B. 2，1　　　　C. 1，1　　　　D. 1，3

解析：若两个单项式的和仍为单项式，则这两个单项式一定为同类项，利用同类项的定义可列出关于 m、n 的方程组 $\begin{cases} m = 2n - 3 \\ 2m + 3n = 8 \end{cases}$ 解得 $\begin{cases} m = 1 \\ n = 2 \end{cases}$ ．故选 A．

此题看似是一个单项式的概念题，实际可转化为二元一次方程组求解．

归纳

数学中许多概念的形成过程或者数学的定义都渗透着化归的思想方法．把字母转化为数字，把未知转化为已知，体现了化归思想简单化的特点．这里的简单不仅指问题结构形式表示的简单，而且指问题处理方式、方法的简单．

例 2　已知关于 x、y 的方程组 $\begin{cases} x - y = 2k, \\ x + 3y = 3k - 1 \end{cases}$ 的解满足 $\begin{cases} x > 0, \\ y < 0, \end{cases}$ 求 k 的取值范围．

解析：先解关于 x、y 的方程组，再把用 k 表示的 x、y 的代数式代入不等式组 $\begin{cases} x > 0, \\ y < 0, \end{cases}$ 解关于 k 的不等式组．

练习

1. 关于 x 的一元一次不等式 $\dfrac{m-2x}{3} \leq -2$ 的解集为 $x \geq 4$，则 m 的值为（　　）.

A. 14　　　　B. 7　　　　C. -2　　　　D. 2

2. 若不等式组 $\begin{cases} x+a \geq 0, \\ 4-2x > x-2 \end{cases}$ 有解，则实数 a 的取值范围是（　　）.

A. $a \geq -2$　　B. $a < -2$　　C. $a \leq -2$　　D. $a > -2$

3. 在实数范围内定义新运算"★"，其规则为 $a \star b = a^2 - b^2$，则方程 $(4 \star 3) \star x = 13$ 的解为_____ .

例 3　如右图所示，反比例函数 $y = -\dfrac{8}{x}$ 与一次函数 $y = -x+2$ 的图像交于 A、B 两点.

（1）求 A、B 两点的坐标.

（2）求 $\triangle AOB$ 的面积.

解析：（1）两个函数的图像相交，说明交点坐标既满足第一个函数，又满足第二个函数，所以交点坐标是两个函数解析式组成的方程组的解.（2）要求 $\triangle AOB$ 的面积，若以 OA 或 OB 或 AB 为底边，高不易求. 所以将 $\triangle AOB$ 转化，设直线 AB 与 x 轴、y 轴分

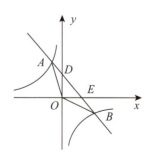

别交于 E、D 两点，则 $S_{\triangle AOB} = S_{\triangle BOE} + S_{\triangle AOE}$ 或 $S_{\triangle AOB} = S_{\triangle AOD} + S_{\triangle BOD}$，这样问题便易于解决.

第十课　化归思想（二）

早在七年级的数学学习有理数的运算中就有了化归思想的萌芽．我们是把有理数的加、减、乘、除运算转化为小学所学的正整数的四则运算来学习的；接着在《一元一次方程》的学习当中，提到了化归思想的概念；最后在《二元一次方程组》的学习当中化归思想得到深化．

下面我们再来看看图形当中的化归思想．

例 1　如右图所示，AB 是半圆的直径，$AB=4$，C、D 为半圆的三等分点，求阴影部分的面积．

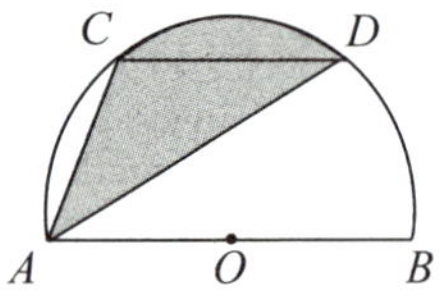

解析：连接 OC、OD，根据同底等高的三角形面积相等可知阴影部分的面积等于扇形 OCD 的面积．

例2 如下图所示，已知圆柱的高为 80 cm，底面半径为 10 cm. 轴截面上有两点 P、Q，$PA = 40$ cm，$B_1Q = 30$ cm，则圆柱侧面上 P、Q 两点的最短距离是多少？

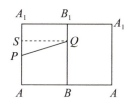

解析：将圆柱侧面沿母线 AA_1 展开，得到如图所示的矩形，从而将曲面上的问题转化成平面上的问题，B、B_1 分别为 AA、A_1A_1 的中点，则 P、Q 两点间的最短距离即为线段 PQ 的长．

前面几个例子都是数学问题的化归求解，下面我们来看看更广义的化归——从实际问题化归提炼为抽象的数学问题．

例3 已知 $x^2 + x - 1 = 0$，求 $x^3 + 2x^2 + 2009$ 的值．

解析：此题通过"化零散为整体"或利用降次来转化，可使问题得以解决．

方法1：把 $x^2 + x - 1 = 0$，化归为 $x^2 = 1 - x$，从而降次解决．

方法2：把 $x^3 + 2x^2$ 拆分，化归为含有 $x^2 + x - 1$ 的代数式．

归纳

化归思想常见类型有空间向平面的转化、高维向低维的转化、多元向一元的转化、高次向低次的转化、函数与方程的转化、无限向有限的转化等.

练习

1. 如右图所示，A、B 两地之间有一座山，汽车原来从 A 地到 B 地需经 C 地沿折线 A—C—B 行驶．现开通隧道后，汽车直接沿直线 AB 行驶．已知 $AC = 10$ km，$\angle A = 30°$，$\angle B = 45°$，则隧道开通后，汽车从 A 地到 B 地比原来少走多少?

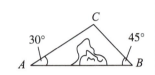

2. 如右图所示，点 C 在以 AB 为直径的半圆上，连接 AC、BC，$AB = 10$，$\tan \angle BAC = \dfrac{3}{4}$，求阴影部分的面积.

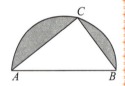

3. 如右图所示，A 是半圆上一个三等分点，B 是弧 AN 的中点，P 是直径 MN 上一动点，$\odot O$ 的半径为 1，求 $AP + BP$ 的最小值.

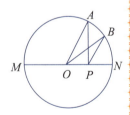

第十一课　相似三角形的应用实践活动 1
——测量旗杆的高度

班级：_____　组名称：_____　组长：_____

组员：_____

活动课题：利用相似三角形的有关知识测量旗杆的高度．

活动方式：分组活动、全班交流研讨．

活动工具：小镜子、标杆、皮尺等测量工具．

活动步骤：

方法一：利用阳光下同一时刻的影子与物高成正比．

如下图所示，每个小组选一名同学直立于旗杆影子的顶端处，其他人分成两部分，一部分同学测量该同学的影长，另一部分同学测量同一时刻旗杆的影长．

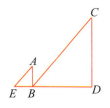

根据测量数据，你能求出旗杆的高度吗？说明你的理由．

同学身高 *AB*（cm）	同学影长 *EB*（cm）	旗杆影长 *DB*（cm）	计算关系式	旗杆高度 *DC*（cm）

方法二：利用标杆.

如下图所示，每个小组选一名同学作为观测者，在观测者与旗杆之间的地面上直立一根高度适当的标杆，观测者适当调整自己所处的位置. 当旗杆的顶部、标杆的顶端与眼睛恰好在一条直线上时，其他同学立即测出观测者的脚到旗杆底部的距离以及观测者的脚到标杆底部的距离，然后算出标杆的高.

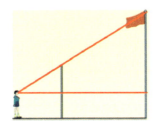 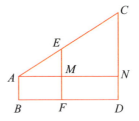

思考

根据测量数据，你能求出旗杆的高度吗？说明你的理由.

观测者的眼睛离地面的高度 AB（cm）	标杆高度 EF（cm）	观测者的脚到旗杆底部的距离 DB（cm）	观测者的脚到标杆底部的距离 BF（cm）	计算关系式	旗杆高度 DC（cm）

注：（1）观测者的眼睛必须与标杆的顶端和旗杆顶端"三点共线"；

（2）标杆与地面要垂直；

（3）要测量观测者的眼睛离地面的高度.

方法三：利用镜子的反射.

如下图所示，每个小组选一名同学作为观测者，在观测者与旗杆之间的地面上平放一面镜子，在镜子上做一个标记. 观测者看着镜子来回移动，直至看到旗杆顶端在镜子中的像与镜子上的标记点重合. 其他同学立即测出观测者的脚到标记点的距离以及旗杆底端到标记点的距离.

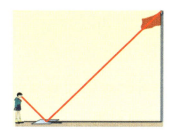 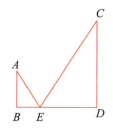

思考

根据测量数据，你能求出旗杆的高度吗？说明你的理由．

观测者的眼睛离地面的高度 AB（cm）	观测者的脚到标记点的距离 BE（cm）	旗杆底端到标记点的距离 DE（cm）	计算关系式	旗杆高度 CD（cm）

注：要用到光线的"反射角等于入射角"的知识．

方法四： 自选．

实验总结（200字左右）：

第十二课　相似三角形的应用实践活动 **2**
——制作视力表

　　知道世界爱眼日是什么时候吗？你的视力如何？我们请两个同学上台测一测．（视力表是国家标准对数视力表，测试距离是3m）

思考

　　如果让他们回到座位上，再看视力表，看清楚的"E"的视力会不会发生变化呢？为什么？回到座位上再用这个视力表测视力行不行？如果不行，用什么样的视力表？怎样制作？

　　请拿出你们收集到的视力表以及从网上查到的有关视力表的相关信息，小组互相交流一下．

　　为了便于研究视力表，以国家标准对数视力表为例来探索．

　　四人一组，度量国家标准对数视力表（测试距离是 3 m）中"E"的线段 a、b、c、d、e 的长度（精确到 1 mm），并填写下表．（每小组只量一组数据）

视力	小组	a/（mm）	b/（mm）	c/（mm）	d/（mm）	e/（mm）
4.3	1					
4.4	2					
4.5	3					
4.6	4					
4.7	5					
4.8	6					
4.9	7					
5.0	8					
5.1	9					
5.2	10					
5.3	11					

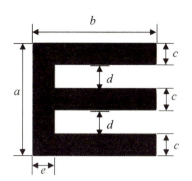

探究

观察上面的数据，你能得到哪些结论？

可以发现：$a = b = 5c = 5d = 5e$，每个"E"形图近似于正方形，所有这些"E"形图都相似.

视力表的制作原理是什么呢？

四人一组按下列要求操作：

（1）取编号为①②的两个"E"，按如图所示，放在水平桌面上，观测点 O 紧贴桌沿.

（2）将②号"E"沿水平桌面向右移动，观察点 P_1、P_2、O 有没有可能在一条直线上？

（3）如果有可能，测量 L_1、L_2 的距离，计算 $\dfrac{b_1}{L_1}$ 与 $\dfrac{b_2}{L_2}$，你能得到哪些结论？

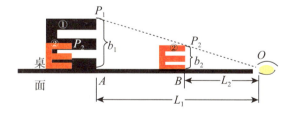

思考

高度是 50 cm 的"巨型 E"和高度是 1 cm 的"微型 E"，有没有可能测得的视力都是4.3？如果有，可能测试距离是多少？

利用测试距离为5m、视力为0.1的视标"E"，制作一个测试距离为7m、

267

视力仍为 0.1 的视标"E".

在普通的视力表上，符号的位置是固定的，这样容易有人靠背出各个符号而导致视力检查结果不可靠. 查阅资料，看看能不能设计制作一种视力表来有效防止弥补漏洞.

为了保护好自己的眼睛，根据你的卧室条件，自制一张视力表，经常测试视力.

实验总结（200 字左右）：

_____

_____

_____

_____

_____

_____